「わかりあえない」を越える

SPEAK PEACE
IN A WORLD OF CONFLICT

WHAT YOU SAY NEXT
WILL CHANGE YOUR WORLD

目の前のつながりから、
共に未来をつくる
コミュニケーション・NVC

Translated from the book
本書は以下の書籍の翻訳版です

Speak Peace in a World of Conflict

by Marshall B. Rosenberg
マーシャル・B・ローゼンバーグ

ISBN: 9781892005175 / 1892005174

For further information about Nonviolent Communication ™
please visit the Center for Nonviolent Communication on the Web at:
非暴力コミュニケーション（NVC）™についての情報は
NVC センター（CNVC）のホームページを参照ください
www.cnvc.org.

Published through arrangements made by Tuttle-Mori Agency Inc.
版権仲介：株式会社タトル・モリ エイジェンシー

訳者まえがき

この本を手にとってくださったあなたは、今、何を感じていますか？

2021年の終盤を迎えた今、世界中の人たちがコロナ禍を体験しました。ソーシャルメディアやインターネット技術の進化によって、新しいつながりを得た人もいるでしょう。一方で、お互いに願いを共有しているはずなのに、どうしてもつながれない、わかりあえないもどかしさを抱いている人もいるはずです。

社会の格差はますます広がっており、価値観の異なる人たち同士の対立や分断が深まっているように感じている人もいるかもしれません。

このようなときに、「わかりあう」とは、「つながり」とは、私たちにとってどんな意味を持つものなのでしょうか。

本書の著者であるマーシャル・B・ローゼンバーグが、NVC（非暴力コミュニケーション）

を形にしたのは1970年代のことでした（NVCを学ぶ人は彼のことを親しみを込めて「マーシャル」と呼んでいます）。

マーシャルは幼い頃に、他者に対する非難や批判だけでなく、もっと暴力的な行動に向かう人たちがいる一方で、思いやりをもって与え合うことを喜びとする人たちがいることに気づきます。

その体験から「人とはどんな存在なのか」という問いを探究するようになりました。そして、私たちが日々使う「言葉」が、自分自身や相手・世界の捉え方に影響を及ぼしていることに注目し、NVCを考案します。

私たちが暴力的な言動をとる背景には「何が正しく、何が間違っているか」という捉え方があると、マーシャルは指摘します。「間違っているものは正されるべき」という考えが暴力を正当化し、それが言動に表れるというのです。

この考えは他者にのみならず、自分自身にも及びます。「自分はもっとこうすべきだったのに」「なぜ自分はこんなこともできないのか」と自分を攻撃する心の声を、誰もが聞いたことがあるのではないでしょうか。自分の至らなさを埋めるためにさまざまな行動を起こすけれど、内面が満たされることがなく、果てには消耗してしまう。そんな人も少なくないのではないかと思います。

マーシャルがNVCを通じて提供しているのは、このような捉え方をがらりと変えるまなざしです。「自分の内面で何が息づいているか（What's alive in me?）」に意識を向けると、そこから自分や相手とつながりをつくることができる、という視点です。

私たちの言動の源には、自分自身のいのちが満たそうとしている大切なもの（ニーズ）がある、とマーシャルは伝えています。私たちが心地よいと感じる（つまり快の感情をいだいている）ときは、ニーズが満たされている状態です。一方で、不快の感情を抱いているときは、何らかのニーズが満たされていない状態です。あらゆる感情は、いのちが何を欲しているのかを知るための重要な手がかりだというのです。

人生を豊かにするために大切なものは、自分の内面に意識を向けることによって気づくことができる。自分自身に耳を傾け、寄り添うことによって、人は本当の智慧と強さを思い出すことができる。この画期的な視点に、私たちはそれまで捉えていた世界観ががらりと変わるほどの衝撃を受けました。

私たちは、本書が「海士の風」という、島根県の離島・海士町に誕生したばかりの出版社から世に出る意義も感じています。

海士町は、自分たちにすでにあるもの・大切にしてきたものにまなざしを向け、「よそもの」も受け入れ、これまでの常識を超えた新たな挑戦に挑むことによって、集落の存続の危機を乗り越えました。その取り組みは、日本全国のみならず、世界からも注目を集めています。

「ないものはない（なくてもよい・大事なものはすべてここにある）」を掲げるこの島に息づく人たちの、日々の営みの中に、私たちはＮＶＣの精神性へのつながりを感じました。

この本の原題は「Speak Peace in a World of Conflict: What You Say Next Will Change Your World」、直訳すると、「対立の世界で平和を語る——あなたが次に話すことがあなたの世界を変える」です。日本語版のタイトルを考えるにあたって、私たちは何度も議論を重ねました。

原題のSpeak Peaceを気に入っていた翻訳メンバーは、当初はそれをメインタイトルに据えて、副題で個人と世界のつながりを示す言葉を添えるとよいのでは、と考えていました。そうすることで、この本の持つ奥深さとスケール感を伝えたいと思ったのです。

それに対して、Peaceという言葉にいろんな解釈があることや、とくに英語が得意でない人にとっては逆に自分とは遠いものに感じられるのではないか、という意見もありました。

情熱をともにする人たちの対立。これもよく起こることではないでしょうか。わかりあえないもどかしさを抱えながらも、私たちはもう一度ＮＶＣのプロセスを辿ろうとしました。

ひとりひとりがこの本に感じた可能性は何なのか、それぞれの言葉に耳を傾け、深く聴き合うことを繰り返しました。その過程を通じて見えてきたのは、「私たちの言葉で語ることを大切にしたい」という願いでした。

そこに気づいたときに、『「わかりあえない」を越える――目の前のつながりから、共に未来をつくるコミュニケーション・NVC』というタイトルが生まれました。これこそが私たち出版チームのひとりひとりが大切にしていることであり、信じてやまない希望だ――。言葉に魂が宿った瞬間でした。

NVCの構造はとてもシンプルで、「観察」「感情」「ニーズ」「リクエスト」という4つの要素に意識を向けてみよう、というものです。この4つの要素を知らなくても、これまで人々が日常生活の中で実践してきたことである、とマーシャルは言っています。けれども、「人には人生を豊かにする力があり、喜びから与え合うことでいのちに貢献できる」という、NVCが示す希望や可能性の大きさを真に体現するのは、そう簡単ではありません。なぜなら、私たちがこれまで社会的に身につけた「するべき」「しなければならない」とは違うあり方を歩むことになるからです。

NVCを学ぶこと・実践することは、その希望を生きるための「試み」です。一筋縄ではいかないことを、私たちも実感しています。それでもなおNVCに魅了されるのは、その試みを続けることが間違いなく人生を豊かにする、と実感しているからです。

そうでなければ、人と人が憎しみあう現場で、立場や権力が圧倒的に違う人たちの集う場で、価値観の異なる人たちと対話に臨む場で、NVCが実践され続けることはなかったでしょう。「対立に満ちた世界で平和を語る」のは現実に可能なのだということを、マーシャルは彼自身の生涯をもって証明し続けてきました。

本当に大切なものは、誰もが手にすることができるはずです。この本を通じて、マーシャルの示した希望を、多くの方と分かちあえたら嬉しく思います。

人はつながりの中で傷を負いますが、つながりのなかでこそ癒やしも起こるのです。

NVCは今、世界中のさまざまな現場で、さまざまな人たちの個性が活かされながら実践され、伝えられています。本書を通じてNVCを生み出したマーシャルの想いに触れることで、みなさんの試みがより豊かなものになることを願っています。

今井麻希子
鈴木重子
安納献

「わかりあえない」を越える

目の前のつながりから、共に未来をつくるコミュニケーション・NVC

目次

第I部 平和のことば・NVCの仕組み

謝辞

30年以上前にわたしがこの活動を始めた当時、世界の新たなありようを思い描ける人には、なかなかお目にかかれませんでした。求められる社会の変化を起こすだけのエネルギーやスキルを備えた人は、ほとんどいなかったのです。ところが、今ではさほど目を凝らさなくても見つかるようになりました。非暴力コミュニケーション（NVC）が草の根のムーブメントとして広がる様子には、じつに励まされます。NVCのトレーニングを受けた人が、他の国の人とつながってトレーニングを提供し、それを受けた人がまた他の人へトレーニングする、という光景に。彼らはわたしに希望を与える存在であり、今や世界のいたるところで活動しているのです。

わたしには、大半の人がテレビで見ているのとは違う世界が見えています。わたしはこれまで、ニュースで報道されているような場所の多くで活動をしてきました。たとえば、シエラレオネ、スリランカ、ブルンジ、ボスニア、セルビア、コロンビア、中東などです。ルワンダとナイジェリアでは、家族全員が殺されてしまった人たちを支援したこともあります。ですから、この世界でどんなことが起こりうるかは知っているつもりです。

しかし、わたしが行く先々で出会うのは、世界が今のままである必要はない、という人たちです。

わたしが関わる人たちは、従来とは違う世界観と意識を持ち、その意識を急速に広げています。彼らの勇気、ビジョン、そして――どんなに困難な状況にあっても――活力を失わずにいられる能力に、わたしは言葉にならないほど勇気づけられているのです。

心理学者のカール・ロジャーズ教授が対人支援における関係性について研究していた当時、その下で学び、仕事をさせていただけたことに感謝しています。当時の研究成果は、本書で述べるコミュニケーション・プロセスの進化に重要な役割を果たしてくれました。

友人のアニー・ミュラーにも感謝を捧げます。わたしの研究の精神的な基盤をもっとはっきりさせるように、と彼女が励ましてくれたことで、研究がより強固になり、わたしの人生がより豊かになりました。

社会学者のマイケル・ハキーム教授には、終生感謝するでしょう。病理学的に人間を理解しようとすることの科学的な限界と、その社会的・政治的な危険性に気づけたのは、教授のおかげです。そのモデルの限界を知ったことで、わたしは、人間のあるべき姿をより明確に打ち出すような心理学的モデルを探求するようになりました。

また、わたしが「NVCブリーダー」と呼ぶ人たち――NVCの意識の普及に人生を捧げてきた人たち――にもとりわけ感謝しています。初期の段階に世界各地で重要な役割を果たしてくれた方々のお名前を、ここに挙げておきます。

ナフェズ・アサイリー（パレスチナ）　パスカル・モロ（フランス）
アンヌ・ブリ（スイス）　シオドア・ムクドンガ（ルワンダ）
ボブ・コンデ（シエラレオネ）　シスター・カーメル・ニーランド（アイルランド）
ヴィルマ・コステッティ（イタリア）
ダニア・ハテジェキマナ（ブルンジ）　リタ・ハーゾグ（アメリカ合衆国）
クリス・ラジェンドラム（スリランカ）　ナダ・イニャトヴィッチ＝サヴィッチ（ユーゴスラビア）
ホルヘ・ルビオ（コロンビア）
イゾルデ・テシュナー（ドイツ）　サミー・イヘジルカ（ナイジェリア）
ジャン＝フランソワ・ルコック（ベルギー）　バーバラ・クンツ（スイス）
ルーシー・リュー（アメリカ合衆国）　トウエ・ウィドストランド（スウェーデン）

ここにすべての名前を挙げることはできませんが、ほんとうに多くの方々の存在があります。そのお1人お1人が、他の何千人もの人々とともに、それぞれのコミュニティ、国や地域、そして今や世界中で平和に貢献してくださっている姿は、わたしにとって大きな喜びの源なのです。

——マーシャル・B・ローゼンバーグ博士

まえがき（ドロシー・J・メイヴァー博士）

音は、力強くて創造的な媒体です。わたしたちが発する言葉は、わたしたちが何を考え、何を感じ、どんな世界に生きているかを浮き彫りにします。

自分がどんな人間かということは、発する言葉によって知れ渡るのです。なぜなら言葉は、その人の日々の思考と本質を物語るからです。わたしたちの話す言葉次第で、ドアは開きもすれば、閉じもします。傷を癒やすか、傷をつけるか、喜びを生み出すか、はたまた、苦しみを生み出すか、そして、究極的には、発する言葉によって自分自身の幸福度が決まるのです。

マーシャル・ローゼンバーグ博士が平和のことばについて語るのを初めて聞いたとき、この方はビジョンをいだいてそのために行動する勇気を持っている、そんな人に出会えたのだとわたしは確信しました。博士の話はユーモアたっぷりで、深いものの見方を示し、1人ひとりのニーズが満たされればどれほど人生が変わりうるかを示す、さまざまな実話が織り込まれていました。それを聞いてわたしは、心のどこかで感じていたことが認められたのだと思いました。人間と人間、そして人間と生きとし生けるものが、適切な関係性のなかで生きていくことは可能なのです。

世界が痛みと苦しみにあふれているこの時代に、ローゼンバーグ博士は鍵を差し出しています。それは、言葉の使い方が、自他の人生にいかに作用し、大きな影響を与えているかを理解するための貴重な鍵です。具体的な事例、深い見識、そして豊富なツールを提供しながら、博士は、どんな状況であっても、そこに関わろうという意欲があるなら、対立を乗り越えて調和をもたらしうることを示しています。

ある人は、政治活動家のためのNVCワークショップに参加したときの経験を振り返り、怒りが変化して解決されていくにつれて、安心感と希望を感じたと語ってくれました。今まで怒りに満ちたコミュニケーション方法をとっていたことが、政治活動家や社会変革者として効果的に活動することの妨げになっていました。

対立だらけのこの世界で、「平和のことば」を学ぶにつれ、1人ひとりが単なる結果ではなく、源となって、この世界を変容させるのです。わたしたちの発する言葉は、すべての人のためになる世界を誕生させるでしょう。それは、人々がNVCのコンセプトを理解し、実践するような世界です。このような意図を持って生きることで、わたしたちの行動の動機が変容します。そして、「すべての行動は、他者と自分自身の幸福のために自らの意思で貢献するという、たったひとつの目的のために行われる」という博士の言葉の意味を理解するのです。

本書は、単なる自己啓発本の枠をはるかに超えています。読み終えたとき、あなたは、個人、社会、政治、世界の変化に効果的に関わる方法を手にするでしょう。この進化の岐路にあるわたしたちにとって、これは待望の必読書なのです。平和はわたしたち1人ひとりから始まります。著者マーシャル・ローゼンバーグ博士が平和の文化の構築に果たした、多大なる貢献に感謝します。

——ドロシー・J・メイヴァー博士
ピース・アライアンスおよびピース・アライアンス財団理事
平和文化の教育と米国平和省設立運動に従事
www.ThePeaceAlliance.org

まえがき（デヴィッド・ハート）

ワシントンDC、2005年7月

わたしがこうして非暴力コミュニケーション（NVC）の重要性をめぐるまえがきを書いている今も、2005年7月7日に起きたロンドン地下鉄同時爆破テロの余波で、世界中が揺れています。わたしたちは、またしても「それ」が起きてしまったことを悟ったのです。わたしたちは暴力の映像を目の当たりにし、暴力の音を耳にするにつけ、1人の人間として、被害者やいまだに苦しんでいるその家族とのつながりを感じとりました。

海の向こう側の出来事であっても、暴力がもたらす痛みはひしひしと伝わってきます。爆弾の威力の前では肉体はあまりにもはかなく、尊い人の生命はいとも簡単に引き裂かれる、そんな現実にわたしたちは再び突きつけられているのです。物理的な距離がわたしたちのショックをいくらか和らげたとしても、ワシントンDCにいようと、合衆国の別の場所にいようと、世界のどこにいようと、恐怖の破壊的な力を痛感せずにはいられません。

ＮＶＣの方法論が読者の手に届いていることを祝福しつつ、今わたしが考えているのは、何が「対立に満ちた世界での平和のことば」を現実にするのか、ということです。２００５年7月7日、世界を震撼させた暴力は、あまりにもありふれた日常になってしまいました。世界のいたるところで人々が暴力の犠牲になっています。その犠牲者たちに、わたしたちはときおり自分自身を重ね合わせもしますが、たいていは他人事のようです。暴力の痛みも、共通の人間性という美しさも、感じとれなくなってはいないでしょうか。

ロンドン爆破テロの前日、バグダッドとファルージャでも命が引き裂かれました。わたしたちはその暴力を目の当たりにしながら、犠牲者たちを悼むことも、暴力がいつ終わるのかと問うこともしません。人生半ばで命を奪われた人々にわたしたちが目を向けるとすれば、それは、彼らが「自分たちに似ている」ときだけのようです。犠牲になったのが、しかるべき制服を着ている人、あるいは「自分たちに似ている」人なら、わたしたちは共通の経験として認識し、その人を完全に人間と見なすのです。そうでない場合、わたしたちは彼らの命の価値をつかみそこねてしまうかもしれません。

この重要な本で、ローゼンバーグ博士はこう語りかけています。

「わたしたちは長い間、破壊的な神話のもとに生きてきた。その物語には人間から人間性を奪い、モノとして扱ってしまう言語が不可欠な要素として含まれている」

そのうえで博士は暗闇から抜け出す道筋を指し示しています。博士の言葉は、わたしたちの言葉と行動がいかに重要であるかを思い出させてくれます。広がり続ける暴力に対して、わたしたちが行動を起こすか起こさないかによって、世界が形づくられ、未来が決定されるのです。

紛争解決協会（ACR）の一員として、光栄にもわたしは、高度な技能を備えた専門家たちと仕事をしています。彼らは、対立関係にある人々が、創造的、建設的、非暴力的な方法で和解できるように、日々、支援に力を尽くしています。紛争解決という、今も広がる重要な分野の実践者である仲間たちは、対立や紛争は人生の自然で健全な一部であると認識しています。わたしたちは決して対立や紛争を根絶しようとはしません。なぜなら、対立や紛争は個人や社会を成長させるものだと信じているからです。対立を根絶するのではなく、わたしたちが追求しているのは、もっと効果的な対立への向き合い方です。ローゼンバーグ博士が示しているのは、暴力あふれる世界においてどのようにコミュニケーションができるかについての、ひとつの創造的な方法なのです。

よりよい世界を求め、それを実現するために日々奮闘する地に足のついた理想主義者たちに、わたしは賛辞を送ります。互いに力を合わせれば、暴力の闇を抜け出し、平和に続く光の道を見つけられるでしょう。ローゼンバーグ博士は、重要な対話の場に思慮に富んだ考えを提供してきました。博士のアプローチは洞察力に満ち、刺激的であり、議論を巻き起こさずにいられません。彼の方法とわたしの方法が完全に一致するわけではありませんが、そのこと自体は重要ではありません。すんなりと同意を得ることなど博士は期待しないでしょう。彼が求めているのは、わたしたちが活発な対話に参加すること、そして、その対話によって、わたしたちがみずからの内面を見つめ、この世界をよりよい場所にするために自分に何ができるかを問うことなのです。

ＮＶＣは、わたしたちが今日直面している問題に対する解決策の一部です。ここワシントンＤＣの地下鉄に身構えながら乗り込むとき、わたしは、対立に暴力で応えるような現状を受け入れるつもりのない、ローゼンバーグ博士と世界中にいる彼の仲間たちの活動に勇気づけられているのです。

読者は、どうかこの本のメッセージを深く心に刻み、自己発見と平和構築という人生の旅路の一歩にしてください。この対立に満ちた世界でわたしたちは力を合わせ、少しずつ、一語ごと、一日ごとに「平和のことば」を実践していきましょう。そうすれば、やがて明るい未来を築けるのですから。

――デヴィッド・Ａ・ハート

紛争解決協会（ＡＣＲ）ＣＥＯ

（肩書は個人を特定するためだけのものであって、団体としてのＡＣＲから推薦されているわけではありません）

「わかりあえない」を越える

目の前のつながりから、
共に未来をつくる
コミュニケーション・NVC

凡例

- 原文の段落は、読みやすさを考慮して、適宜、改行を加えています。
- 訳注、書誌情報は脚注に記載しています。

はじめに

我々には、もっと平和な世界が必要です。それは、もっと平和な家庭、近隣関係、地域社会から生まれるものです。そのような平和を確保して育んでいくためには、互いに愛し合わなければならないのです。友人同士はもちろん、たとえ敵同士であっても。

——ハワード・W・ハンター
（宗教家）

この本を通して、ＮＶＣ（非暴力コミュニケーション）の目的と原理、そして世界各地でのさまざまな活用事例を紹介する機会に恵まれたことを、感謝しています。本書では、ＮＶＣが個人の内面でどのように活用されているか、さらには、家庭や職場、社会を変える活動の現場で、他者との間に良質なつながりをつくり出すために、どう役立てられているかをお伝えしていきます。

平和のことば（Speaking Peace）は、暴力を伴わないコミュニケーションであり、NVCの原理を応用することから得られる、現実的な結果でもあります。具体的には、きわめて重要な、以下の2つの問いを中心において、相互に思いをやりとりすることです。

- **わたしたちの内面で何が息づいている・生き生きしているか？（What's alive in us?）**
- **人生をよりすばらしいものにするために、わたしたちに何ができるのか？**
  (What can we do to make life§ more wonderful?)

平和のことばは、本来人間が持っている思いやりの心を花開かせるようなつながりを、相手との間に結ぶための方法です。世界中どこであっても——相手が問題を抱えた家庭、機能不全に陥った官僚組織、戦争で荒廃した国々であろうと——対立や紛争の平和的な解決をめざすうえで、これ以上効果的な方法をわたしは知りません。むしろ、NVCによる平和のことばは、対立を縮小させるか、そもそも対立を生じさせない可能性を示しています。

これはわたしたちの大半に言えることですが、平和的な変化をもたらすプロセスは、自分自

§ life:「人生」「いのち」という意味があるが、myやyourなどの所有格を伴わない場合、マーシャルは、個人だけでなくその外側にある集団や自然など、大きな全体のいのちに貢献することも意図していると思われる。

身のマインドセット、すなわち自分と他者をどのように見ているか、そして自分のニーズをどのように満たすのか、を見直すことから始まります。この基本的な実践は、いろいろな意味で、平和のことばにおいて最も難しいところです。なぜなら、平和のことばを実践するためには、たいへんな正直さと開かれた心が求められるからです。さらに、それに即した表現リテラシーを身につけることも必要で、判断・決めつけ、恐れ、義務、責務、懲罰と報酬、恥の意識を強いるような、これまで教育で植えつけられたものを克服しなければなりません。簡単なことではないでしょうが、努力すれば、それに見合う結果を得られるでしょう。

本書の第1部では、2つの基本的な問いを扱いながら、NVCの仕組みについて述べていきます。その問いに答える行為は、それ自体がNVCの概要を見事に説明していると同時に、NVCが、今あなたが理解しているような対立解決の方法とは違うものであることを示してくれます。NVCをあなた自身の人生や人間関係に、そして、より大きな対立や紛争を平和的に解決するための活動で実践するとき、ほぼ確実に、あなたの世界観と生き方は大きく変わるでしょう。

たとえば、NVCを構成する基本概念の1つである、「わたしたちのあらゆる行動は、わたしたちのニーズに貢献するためである」は、一般的な通念にはそぐいません。この概念をもとに

> 平和的な変化をもたらすプロセスは、わたしたち自身のマインドセットを見直すことから始まる。

相手を見つめてみると、自分にとって真の敵など、どこにもいないことがわかるでしょう。相手の自分に対する行動は、相手がその人自身のニーズを満たすうえで、相手が考えうる最善の方法なのです。

そのときわたしたちは、それよりも効果的で害の少ない方法があるのだと相手が理解するように、支援することができます。ただし、こちらの望むような人間ではないからといって、相手を責めたり、恥じ入らせたり、憎んだりするのではありません。何もせずに無力感に浸っている必要もないし、かといって、相手を上から力で押さえてこちらのニーズを満たす必要もないのです。平和のことばでは、「パワー・ウィズ（ともに力を持つ）」という作戦をとります。

続く第2部では、わたしたち自身の内面で生じる変化についてお話しします。「人生を豊かにすること」がこれからの行動の動機になるのだ、と捉えたとき、他者に対する見方も世界観も変わってくるのです。

第3部では、読者の実践の支援になるように、社会の変化を目指す活動にNVCを使った応用事例をご紹介します。ぜひ、あなたと似た価値観の人とチームを組んで、どうすればそれが実践できるのかを話し合ったり、自分たちの働きかけにさほど反応を示さない人々を相手にするとき、どうすれば自分たちのニーズを満たせるか意見を交わしてみてください。

わたしたちのあらゆる行いは、わたしたちのニーズに貢献するためである。

本書では、「政治的な」変化と呼びうるものだけでなく、それ以外の社会の領域である、ビジネスや教育分野においてNVCを活用する方法も見ていきます。これは偶然ではなくNVCはそうなるように設計されているのですが、他者とつながるというNVCの基本的なプロセス――明確な「観察」をし、「感情」と「ニーズ」を表現して受け止め、明確な「リクエスト」をする――は、どのような種類の社会を変える活動に応用しても、つねに効果を発揮するのです。

NVCの起源

わたしは暴力に反対する。なぜなら、暴力が善をもたらすように見えたとしても、それは一時的にすぎないからだ。むしろ暴力のもたらす悪は、永遠に続く。

――マハトマ・ガンジー（政治指導者）

わたしが新しいコミュニケーション方法に目を向けるきっかけになったのは、子どもの頃からずっと心に抱いていた、いくつかの疑問でした。１９４３年、一家でミシガン州デトロイトに引っ越した直後、人種暴動が始まりました。住んでいた地域では4日間で30人もの人々が殺され、その間わたしたちは、自宅に留まらなければなりませんでした。外出するなど、不、可、能、だったのです。少年のわたしにとって、それは強烈な学びの機会となりました。痛みを伴う学びではありましたが、そのときからわたしは、肌の色の違いを理由に人が人を傷つけるかもしれない世界に住んでいるのだ、ということをはっきり意識するようになったのです。

やがて学校に上がると、初日から、自分の名字が、周りの人に対して、わたしへの攻撃衝動を刺激しうることに気づきました。その後も、大人になるまで何度となく疑問にぶつかることになりました。名前、宗教、生い立ち、肌の色を理由に、人が他者を傷つけたくなるのは、いったいなんの影響なのか、と。

幸いにもわたしは、人間の別の側面にふれる機会がありました。祖母は全身が麻痺していたのですが、母はその祖母をいつも世話していました。そして、毎晩のように手伝いに来ていたおじは、祖母の体をきれいにするときも食事の介助をするときも、いつも最も美しい笑みを浮かべていたのです。

少年のわたしには、不思議でしかたがありませんでした。この世には、おじみたいに、他者の幸福に貢献することを心から楽しんでいるように見える人もいれば、互いに暴力をふるいたくてしかたがない人たちもいる、それは、いったいなぜなんだろう。やがて、将来の進路を決める時期になると、わたしは、これらの重要な疑問に向き合う勉強がしたいと思うようになりました。

問いの答えを見つけるために最初に選んだのは、臨床心理学です。最終的に博士号を取得したものの、わたしが教わったことにはある種の限界があって、望むほど十分な答えは得られませんでした。人間本来の生き方とはどのようなものなのか、そして何が人間を暴力的な傾向から遠ざけるのかを、もっと知りたくなったのです。そこで、大学院を終えてからは、自力で問いの答えを探し始めました。おじのように喜んで他者の幸福に尽くす人がいる一方で、他者を苦しめて楽しんでいるような人がいるのはなぜなのか、その理由を自分なりに理解しようとしたのです。

本書で語る結論に至るまでに、いくつもの異なる方法を試しました。なかでもとくに力を入れたのが、尊敬する人たちを研究することでした。対立に巻き込まれながら、あるいは、破壊的な対立が続くような環境に身を置きながら、なぜ、その人たちは他者の幸福のために喜んで尽くそうとしているのか、彼らの何がどう違うのか、それを突き止めようとしたのです。

わたしはそういう人たちと話をし、彼らを観察し、彼らが学んできたことを、自分でもできるかぎり学んでみました。わたしが

人が他者を傷つけたくなるのは、いったい何の影響なのか。

わたしたちは本来、お互いの幸福に貢献しようとする。

捉えようとしたのは、いったい彼らは何によって、人間本来の性質だとわたしが思うもの——お互いの幸福のために貢献しようとすること——を持ち続けることができたのか。わたしの学びの範囲は、比較宗教学にも及びました。宗教の基礎的な実践から、何かしらわかるかもしれないと思ったのです。わたしが学んだ宗教は、人間本来の生き方とはどのようなものかという問いに関して、ある程度は考えが一致しているようでした。さらに、癒やしにおける関係性の特徴を探ったカール・ロジャーズの研究のような、特定分野の学術研究も、理解を深めるうえで大いに役立ちました。

こうしてさまざまな方面で得たものと、人間の行動はこうあってほしいという自分自身の願いをもとに、わたしは、1つのプロセスを構築しました。そのプロセスの「目的」を読者にはっきり示すことができれば、プロセスの仕組みも、おのずと生きたものになるでしょう。なぜなら、NVCとは、ある種の精神性《スピリチュアリティ》と、その精神性を日常生活から人間関係、政治運動にいたるさまざまな場面で具現化するためのスキルを統合したものだからです。そういうわけで、まず、わたしがめざした精神性とは何かを明らかにしてから、つぎに、それを具現化する試みの中で見出したスキルについて紹介することにしましょう。

NVCの目的

3つの真理を万人に知らしめなさい。寛大な心、優しい言葉、そして奉仕と慈悲にもとづく生き方、この3つが人間性を新たにするうえで必要なのだ、と。

――ブッダ（宗教家）

NVCの精神性は、人を神聖なるものとつなげるためにあるというより、わたしたちを形づくる源となっている神聖なエネルギー、すなわち、人間に本来備わっているいのちに貢献するエネルギーから生まれているものです。それは、自分の内なるいのちと他者の中で息づくいのちにつながり続ける、生きたプロセスなのです。

ミシガン州立大学の社会心理学者ミルトン・ロキーチは、世界の主要な宗教から8つを選んで熱心な信奉者を調査し、他の宗教よりもとりわけ思いやりが深い宗教があるかどうかを見出そうとしました。その結果、どの宗教の信奉者たちも思いやりの度合いは同じであることが判明しました。

ところが、その後、ロキーチが信仰を持たない人たちと彼らを比較したところ、なんと、無宗教の人々のほうが、はるかに思いやりがあるという結果が出たのです！　ただし、ロキーチは、こうした所見を解釈する際には注意が必要だとも述べています。なぜなら、いずれの宗教にも2つの明らかに異なる集団が存在し、少数派を抽出してみると（たしか12％だったと思います）、無宗教の人々よりもはるかに思いやりが深かったからです。

たとえば、わたしがパレスチナのある村で仕事をしていたとき、セッションの最後に、1人の若者がこんなことを言いました。

「マーシャル、ぼくはあなたのトレーニングがとても気に入りました。でも、これって別に新しいものではありませんよね。批判しているわけじゃありません。でも、まさにイスラムの教えの応用だなと思って」

わたしが微笑んでいるのを見て、彼はこう尋ねてきました。

「なぜ微笑んでいるの？」

「昨日、エルサレムにいたんですが、正統派ユダヤ教のラビが、わたしのやっているトレーニングはユダヤ教の実生活での実践だ、と言ってましたよ。スリランカでは、イエズス会の神父がわたしたちのプログラムのリーダーをしています。彼は、これをキリストの教えそのものだと考えているんです」

つまり、宗教の種類は違っても、こうした少数派の人々の精神性は、NVCがめざしているものに非常に近いのです。

NVCは、考え方と言語を組み合わせたものであり、特定の意図に向けて力を行使するための手段でもあります。その意図とは、他者や自分自身と、思いやりのある与え合いが可能になるようなつながりを生み出すことです。その意味でNVCは、精神的《スピリチュアル》な実践にほかなりません。なぜなら、すべての行動は、他者と自分自身の幸福に自らの意思で貢献するという、たったひとつの目的のために行われるからです。

NVCの第1の目的は、思いやりのある与え合いが可能になるような方法で、他者とつながることです。ここでの思いやりとは、与えるという行為を自らの意思で心から行うということです。わたしたちが自分と他者に奉仕するのは、義務感、罰への恐れ、報酬への期待、罪悪感や羞恥心からではありません。わたしの考える人間本来の性質として、与え合うことに喜びを見出すのです。NVCは、他者に与える（そして他者から与えられる）という行為の中で、そうした人間本来の性質が前面に現れるようなつながりをつくるのに役立つものです。

与えることへの喜びが人間の本来の姿だ、などと言われると、きっと、首をかしげたくなる人もいるでしょう。わたしのことを、何て世間知らずな男なんだ、世界中に暴力が蔓延しているのを

NVCは考え方と言語を組み合わせたものであり、特定の意図に向けて力を行使するための手段でもある。

知らないのか、などと思うはずです。世界の現状を考えれば、思いやりをもって与えることを喜ぶのが人間本来の姿だとは、とうてい思えないかもしれません。もちろん、わたしだって現実は承知しています。ルワンダ、イスラエル、パレスチナ、スリランカで仕事をしているのですから。

そういう暴力の現状を十分承知したうえで、わたしは暴力が人間本来の性質ではないと考えています。どこでワークショップを行っても、わたしは参加者にこんなふうに問いかけます。

「過去24時間を振り返って、あなたのとった何らかの行為が、誰かの人生をよりすばらしいものにするうえで役に立った、ということはありませんか？」

相手が1分くらい考えたところで、わたしはさらに尋ねます。

「誰かの人生をすばらしくすることに、ご自身の行為が役立ったと気づいた方は、今どんなお気持ちですか？」

その瞬間、誰もが笑顔になります。どこへ行っても同じことが起きます。たいていの人間にとって、他者に与えることは喜びなのです。

自分には人生を豊かにする力があり、いのちに貢献できる、と気づくのは気持ちがいいものです。先ほどの問いのあとに、わたしはよくこんな質問を投げかけます。

「先ほど思い浮かべたような行為に力を注ぐよりも、人生がもっと豊かになる方法を思いつく方はいらっしゃいますか？」

わたしは地球上のあらゆる場所でこの質問を投げかけていますが、どの人も意見は同じようです。つまり、互いの幸福に貢献し、いのちに貢献するために力を注ぐことほど、すばらしく、気分よく感じることができて、喜ばしいものはない、というのです。

でも、ほんとうにそうだとすれば、なぜ暴力が蔓延しているのでしょうか。わたしは、「暴力が蔓延している原因は、わたしたちの本質ではなく、わたしたちの受けた教育にある」と考えています。神学者ウォルター・ウィンクは、文明の幕開け以来（少なくとも8000年前から）人々は暴力を楽しむように教育されてきた、と言います。わたしも同感です。そうした教育が、思いやりに満ちているはずの本来の性質から、わたしたちを切り離しているのです。

では、なぜわたしたちはそのように教育されてきたのでしょうか。理由は単純ではありません。ここでは詳しく論じませんが、ただ、はるか昔から神話とともに始まった、とだけ言っておきましょう。その神話は、人間を基本的に邪悪で身勝手な存在と見なし、悪の勢力を粉砕する英雄的な勢力のあり方が善い生き方である、と見なしています。わたしたちは長い間、そうした破壊的な神話のもとで生きてきたのです。その物語に不可欠なのが、人間から人間性を奪い、モノとして扱ってしまう言語なのです。

いのちに貢献するために力を注ぐことほど、喜ばしいものはない。

わたしたちは、他者を道徳的な判断・決めつけで捉えるように教育を受けています。意識のなかに、「正しい」「間違っている」「よい」「悪い」「利己的」「利他的」「テロリスト」「正義の味方」といった言葉が染みついているのです。しかも、そうした決めつけは、自分が何に「値するか」という正義の概念とつながっています。悪いことをした人は罰を受けるのに値する、よいことをした人は報酬を得るのに値する、という具合に。残念ながら、あまりにも長い間、わたしたちはこうした意識のもとに、つまり不完全な教育の支配下に置かれてきました。それが、この星に蔓延する暴力の核心だとわたしは考えています。

それとは対照的に、NVCは、わたしたちを人間本来の姿に近づけるための思考、言語、コミュニケーションを1つに統合したものです。NVCは、互いの幸福のために貢献するという、本当に楽しい生き方へとわたしたちが回帰できるように、互いにつながりをつくるための手助けをしてくれます。本書では、そのプロセスを自分の内面、人間関係、社会の変化を目指す活動に応用する方法をお伝えしていきますが、読者の学びを深め、さらには読みながら実践していけるように、随所にエクササイズを用意しました。

手始めに、あなたが今、実際に直面している状況を1つ思い浮かべてください。あなたの人生をすばらしいものにしない行動を誰かがとっている、という状況です。小さな苛立ち程度から、その人の振る舞いをひどく悩ましく思っている場合まで幅広くあるでしょう。ともかく、現実にあなたの身に起きていることに、注目してください。そのうえでこの本を読み進めれば、あなたの今の状況下で相手とのつながりをつくり出すうえで、ＮＶＣがいかに役立つかがわかるでしょう。そのつながりとは、関係者全員のニーズが最終的に満たされ、当事者すべてが、互いの人生を豊かにすることだけを目的に行動するようなつながりです。もちろん、あなた自身のニーズを満たすことも含まれます。したがって、具体的な人物を思い浮かべたうえで、ＮＶＣがどんなふうに役立つかを見ていきましょう。

わたしは世界各地でワークショップを開いていますが、どこへ行っても、２〜３歳の子どもに手を焼いているという親が１人は参加しているようです。では、子どものどんな振る舞いで、親が逆上してしまうのでしょうか？　それは、親が子どもに何かをさせようとすると、子どもが「やだ」のような恐ろしい言葉をぶつけることです。

「おもちゃをおもちゃ箱に戻してちょうだい」

「やだ」

別の例では、「あなたがそういうことをすると、わたしは傷つく」というような恐ろしい言葉を同居するパートナーが投げかけてくる、という人もいます。

そうかと思えば、はるかに深刻な問題を抱えた参加者もいて、

ＮＶＣは、わたしたちを人間本来の姿に近づける。

そういう人たちはＮＶＣの実践方法を切実に知りたがっています。たとえば、ルワンダのような場所では、人々はこんなことを尋ねてきます。

「隣人とどう付き合えばいいんですか。わたしの家族を殺した人間ですよ？」

エクササイズ

ＮＶＣプロセスを実践的に理解したい人は、本書のあちこちに用意されたエクササイズをやってみましょう。各エクササイズは、その１つ前のエクササイズを発展させた内容になっています。エクササイズの効果を引き出すために、まず、特定の誰かとのやりとりを思い浮かべることから始めてください。その人との会話は、あなたの期待どおりには進んでおらず、その状況に対処するためにあなたは平和のことばを学びたいと思っています。

ぱっと頭に浮かんできた状況が、重要なことでも、ささいなことでもかまいません。紙に書き出すか、心にしっかり留めておきましょう。相手のどんな行動があなたの人生をすばらしいものにしていないのか、具体的なことを１つ挙げましょう。それは、相手が何かをすることかもしれないし、何かをしないことかもしれません。何かを言うことかもしれないし、何かを言わないことかもしれません。自分が気に入らない相手の振る舞いを書き留めたら、それを念頭に置きながら、相手とのコミュニケーションにＮＶＣをどう応用するかについて、最後まで読み進めてみてください。

第I部

平和のことば・NVCの仕組み

PART I

THE MECHANICS OF SPEAKING PEACE

成長と変容をもたらす最大の力とは、どんなテクニックよりもはるかに基本的なもの、つまり、心の変化だ。

—ジョン・ウェルウッド（臨床心理学者）

1　2つの問い

世のなかが何を必要としているかを自分に問うてはいけない。自分を生き生きとさせるものは何かを問おう。そして、そのことをひたすら追求するのだ。世界は生き生きとした人を求めているのだから。

——ハワード・サーマン（公民権活動家）

NVC（非暴力コミュニケーション）は、つねに、2つの重要な問いにわたしたちの注意を向けさせます。

第1の問いは、**「今この瞬間に、わたしたちの内面で何が息づいている・生き生きしているか（What's alive in us?）」**（関連する問いは「自分の内面で何が息づいているか［What's alive in me?］」「あなたの内面で何が息づいているか［What's alive in you?］」）です。世界のどこであれ、人と人が出会うとき、誰もがこの問いを発します。そっくり同じ言い方とはかぎりません。たとえば英語では、よく「**How are you?**（お元気ですか？）§」などと表現します。もちろん、言語によって言い方は異なるでしょうが、これはきわめて重要な問いかけです。

それは社交辞令と言うかもしれませんが、それでも重要な問いかけです。なぜなら、もしわたしたちが、平和と調和のうちに生きようとし、互いの幸福（well-being）に貢献することに喜びを感じようとするなら、今この瞬間に、お互いのなかで何が息づいているかを知る必要があるからです。悲しいことに、たいていの人はこの問いかけ自体はできるものの、うまく答えるすべを知っている人は多くはいません。いのちの言葉（language of life）を習っていないからです。

わたしたちは、このような問いに答える方法を教わっていないのです。問いかけることはできても、答え方を知らないのです。これから本書で見ていくように、NVCが提案するのは、自分の内面で何が息づいているかを相手に知らせる方法です。たとえ、本人がそれを表現できる言葉を持っていなかったとしても、相手の中で息づいているものとつながる方法をお伝えします。だから、NVCでは、この第1の問いに注意を向けるように促しているのです。

第2の問いは、第1の問いとつながっていますが、**「人生をよりすばらしいものにするために、わたしたちに何ができるのか？（What can we do to make life more wonderful?）」**（関連する問いは「わたしにとって人生をよりすばらしいものにするために、あなたに何ができるのか？［What can you do to make

§ How are you?：字義通りに訳せば「あなたはどうですか？」。

life more wonderful for me?」」「あなたにとって人生をよりすばらしいものにするために、わたしに何ができるのか？「What can I do to make life more wonderful for you?」」）です。というわけで、以下の2つの問いがＮＶＣの基本となります。

「今この瞬間に、わたしたちの内面で何が息づいている・生き生きしているか？」

「人生をよりすばらしいものにするために、わたしたちに何ができるのか？」

さて、ＮＶＣを学ぶほとんどの人が、ＮＶＣに対する2つの印象を述べます。1つ目は、ＮＶＣは何て簡単でシンプルなのか、ということです。実践すべきことは、コミュニケーションの重点や、注意の焦点や、意識を向ける方向を、「わたしたちの内面で何が息づいているか」と「人生をよりすばらしいものにするために、わたしたちに何ができるのか？」に置き続けることだけなのです。なんてシンプルなんでしょう。そして彼らが2番目に言うのは、これがいかに難しいか、ということです。

はたして、とてもシンプルでとても難しいことが同時に存在しうるでしょうか？　その答えのヒントを、わたしはすでに示しています。つまり、ＮＶＣが難しいのは、わたしたちがまったく違う思考法とコミュニケーション方法をプログラムされて

ＮＶＣは、息づいているものにどうすればつながれるかを示してくれる。

きたからです。わたしたちは、自分の内側で何が息づいているかを考えるように教わっていないのです。

少数の人間が大多数を支配する構造に適応するための教育を受けてきたということは、すなわちわたしたちは、他者——とくに権力を持っている人たち——にどう思われるかを優先的に考えるように教育を受けてきた、ということです。なぜなら、もし彼らが「悪い」「間違っている」「能力がない」「愚かだ」「怠けている」「わがまま」と決めつければ、わたしたちは罰せられるし、もし彼らが「いい子」「いい生徒」「いい社員」というレッテルを貼れば、わたしたちは報酬がもらえるかもしれないからです。わたしたちは「自分の内面で何が息づいているか」や「何が人生をよりすばらしくするか」を考えるのではなく、報酬と罰という観点から考えるように教育されてきたのです。

わたしたちは、報酬と罰という観点から考えるように教育されてきた。

さて、ここで「はじめに」のエクササイズで考えた状況を思い出してください。誰かがあなたの気に入らない行動をとった状況です。そういう状況で、NVCでは、相手の行動に対して自分の内面で何が息づいているかを、どのように相手に知らせるのでしょうか。NVCでは、正直であることを大切にしています。ただし、間違い、批判、中傷、決めつけ、心理学的な診断をほのめかすような言葉を使わずに、正直でありたいのです。

2 「自分の内面で何が息づいているか」を表現する

観察

ただ見るだけで、たくさん観察できるものだよ。
——ヨギ・ベラ（野球選手）

「自分の内面で何が息づいているか（What's alive in us?）」を伝えるには、そのためのリテラシー、つまり自分の内面を把握して言語化する力が必要です。その第一歩は、「はじめに」のエクササイズで投げかけた問いに、いかなる評価も交えずに答えることです。そこでは「誰かの行動で、あなたにとって気に入らない体験だったこと」を具体的に思い浮かべていただきました。わたしはそれを「**観察**」と呼んでいます。相手の行動の何を好ましく思い、何を好ましく思わないのでしょうか。

この情報を相手に伝えることはとても重要です。つまり、「自分の内側で何が息づいているか」を相手に伝えるためには、相手の行動の何が自分のいのちに役立ち、何が役立っていないのかを伝える能力が必要なのです。ただし、いっさいの評価を交えない伝え方を学ぶことが必要です。そこがきわめて重要なのです。

たとえば、先日わたしが相談にのった女性は、10代の娘のことで悩んでいました。わたしはこう尋ねました。

「あなたがおっしゃっている、お嬢さんがしなかったことは何ですか?」

すると彼女はこう答えました。

「あの子は怠け者なんですよ」

わたしの問いと彼女の答えが離れていることが、わかるでしょうか? わたしは彼女の娘さんが何を「する(しない)」か、と尋ねました。それに対して、彼女は、自分の娘が何者で「ある」と思ったか、を答えたのです。わたしは彼女にこう伝えました。人にレッテルを貼る、つまり「怠け者」と診断すると、まさにそのせいで診断が現実になってしまいますよ、と。

相手が間違っていることを示唆するような言葉づかいは、「何が息づいているか」の表現としては、悲劇的な自殺行為です。なぜなら、そのような言葉づかいをすると、相手はこちらの幸福によろこんで貢献しようとは思わないからです。むしろ、相手から自己防衛や反撃のような反応を引き出しやすくなるのです。

この教訓をはじめて学んだとき、わたしは愕然としました。なぜなら、自分の頭のなかが道徳的な判断や決めつけであふれかえっていることに気づいたからです。長年わたしが受けてきた教育は、道徳的な判断で考えることを要求するものでした。すでに述べたとおり、そのような教育の背景には、わたしたちが背負わされてきた人間観があります。つまり、人間は基本的に利己的で邪悪であるとする理論です。だから、人が自分のした行為について自分を嫌悪するように仕向ける教育プロセスが主流を占めているわけです。つまり考え方としては、「自分がどれほどひどい人間であるか」を本人に知らしめなければならない。そうすれば、その人は悔い改めて間違いを正すだろう、というのです!

わたしが子どもの頃からずっとデトロイトで教わってきた言葉づかいは、まさにそれでした。車の運転中に、こちらの気に食わない運転をしている人を見かけると、わたしは、その人を教育してやろうという気持ちになって、車の窓を開けて「ばかやろう!」などと怒鳴りつけていたことでしょう。そういう表現の裏側にはこんな理論があります。

> 人に診断を下すと、まさにそのせいで診断が現実になる。

つまり、こちらが怒鳴れば、当然のように相手は悔い改めて、「申し訳ありません。わたしが悪かったんです。わたしのやり方は間違っていました」と言うであろう、と。

立派な理論ですが、そのとおりになったためしがありません。わたしは、そのような言語はデトロイト育ちのせいで身につけた特有の方言なのだろうと思っていました。ところがその後、心理学の博士号を取得する頃には、もっとインテリらしい侮蔑表現を身につけていました。気に食わない運転をする人を見つけるなり、窓を開けてこう怒鳴るのです。「社会病質者《ソシオパス》め!」

もちろん、そんなことをしても、問題はやはり解決されません。

「あなたのここが間違っている」と相手に伝えることは悲劇的な自殺行為であるばかりでなく、効果的でもありません。わたしは、相手の行動の何が気に入らないのかを伝えたいなら、こういった決めつけを入り込ませないようにしたいと考えています。決めつけを挟まずに、その人の行動そのものを直接伝えられるようにしたいのです。あるときわたしは、校長と対立しているると訴えてきた教師たちに尋ねました。

「校長の行動の何が気に入らないのでしょうか?」

1人がこう答えました。

「あの人は口がでかいんですよ§」

「いえ、わたしは、校長先生の口のサイズを尋ねているんじゃありません。校長が何をしてい

§ 口がでかい:英語の慣用句「He has a big mouth」で、「よくしゃべる」という意味を含んでいる。

るかを聞いているんです」

　すると別の1人が答えました。

「要するに、おしゃべりがすぎるんですよ」

「『すぎる』というのも、1つの診断です」とわたし。

　また別の教師が答えました。

「校長は自分だけが知性を備えた人間だと思っているんです」

「校長がどう思っているのかに関するあなたの考えも、評価の1つなのです。わたしは彼が何をするのか、と尋ねているんです」

　わたしの手助けで、最終的に教師たちは、診断を交えずに行動を定義するとはどういうことかを明確に理解してくれたのですが、そこに至るまではずっと、「ああ、難しい。頭に浮かんでくるのは、どれも診断だったり、決めつけだったりする」と言い続けていました。

　わたしはこう伝えました。

「そうなんです。意識のなかからそれらを一掃するのは、簡単なことではありません」

　実際、インドの哲学者、ジッドゥ・クリシュナムルティの言葉を借りるなら、評価を交えずに観察する能力は、人間の知性

診断を交えずに行動を定義するとはどういうことかを明確に理解する。

の最高のあり方なのです。

教師たちは最終的にいくつかの行動をリストアップしました。リストの1番目は、「職員会議で、どんな議題のときでも、校長が自分の経験や子ども時代に結びつけて話をする」と書かれていました。その結果、職員会議はたいてい予定よりも長引くのだと言います。なるほど、それなら、「校長は何をするのか」というわたしの問いへの答えになります。つまり、評価を交えない、明確な観察にもとづいた情報です。

わたしは教師たちに尋ねました。

「皆さんを悩ませているという、その具体的な行動を校長本人に伝えた方はいますか？」

すると教師の1人が答えました。

「まあ、今から思えば、わたしたちのコミュニケーションのとり方はある種の決めつけでしたね。それに、具体的な行動を指摘したわけでもありません。校長が身構えるのも当然です」

つまり、自分の内面で何が息づいているかを相手に伝えるための第1のステップとは、自分が快く思っている、もしくは思っていない言動を、その本人に対して、明確かつ具体的に伝えることなのです。

エクササイズ

「はじめに」のエクササイズで書いたものに注目してください。そこには何らかの評価が混在していないでしょうか。もし混在しているなら、表現し直すことはできますか？　あなたが直接伝えたいと思っている、相手の行動そのものについて、できるだけ具体的に言い表してみましょう。相手の行動の観察内容を頭に描くことができたあと、ＮＶＣを実践するときに大切なのは、相手に正直に伝えることです。ただし、その正直さとは、相手のどこが間違っているかを伝えることではありません。求められるのは、相手の間違いをほのめかすような正直さではなく、心からの正直さなのです。

感情

わたしたちの感情は、知へと至る最も誠実な道である。
――オードリー・ロード（公民権運動家）

NVCでは、自分の心の中に目を向け、「相手の振る舞いを見たときに、自分の内面で何が息づいているか」を話したいのです。そのためには、さらに2種類の情報を表現するためのリテラシーが必要になります。「感情のリテラシー」と「ニーズのリテラシー」です。ある瞬間に自分の内面で何が息づいているかをはっきり言葉にするためには、自分の**感情**と**ニーズ**（大切なこと・必要・欲求）を明確にする必要があるのです。まずは、感情から見ていきましょう。

想像してください。あなたは相手のところへ行って、正直に話すことにしました。その際、あなたが何を感じているかを伝えることからはじめましょう。（先ほどのエクササイズで）あなたが思い浮かべている行動を相手がとるとき、自分がどんな感情を抱くかを書き出してみてください。相手がその行動をとると、どんな気持ちになりますか？

あるとき、わたしが教えに行っていた大学で、1人の学生がルームメイトの行動に悩んでいました。わたしは彼にこう尋ねました。

「そのルームメイトのどんな行動が気に入らないのかい？」

「こっちが寝ようとしているのに、あいつは夜遅くにラジオを聞くんですよ」

「なるほど。きみが感じていることを、彼に伝えてみよう。彼がその行動をとったときに君はどう感じているんだろう？」

「そんな行動は間違っていると感じています」

「なるほど。『感じる』という言葉の意味を、わたしは明確にしていなかったようだ。『間違っている』という表現は、相手への決めつけだとわたしは考えている。わたしが尋ねているのは、きみがどう感じているかなんだ」

「えっと、『感じています』と言いましたよ」

「たしかに、きみは『感じる』という動詞を使ったけど、そのあとに続く言葉は、必ずしも感情を表してはいない。きみはどんな感情を抱いているんだろうか。どんなふうに感じているんだろう」

学生はしばらく考えたあと、口を開いた。

「えーと、人が他人に対して無神経なことをする場合、それはパーソナリティ障害の証拠だと思います」

「いやいや、ちょっと待ってくれ。きみはまだ頭の中で、相手の間違いを分析しようとしている。自分のハートの内側に注意を向けて、彼がその行為をするとき、きみがどう感じているか教えてくれないか？」

彼は一生懸命、自分の感情と向き合おうとしていましたが、やがて、こう言いました。「あの、とくに何も感じていません」

「そうじゃないことを願っているよ」

「どうしてですか？」

「何も感じなければ、きみは死んでいるってことだから」

人間なら、どんな瞬間でも何かを感じています。問題は、わたしたちが「自分の内面で何が息づいているか」を意識するように教育されていないことです。内面よりも外界に意識を向け、自分が権力者にどう思われるかを気にするように訓練されてきたのです。

そこでわたしは、学生にこう尋ねてみました。

「ちょっと自分の身体に耳を傾けてごらん。夜中にルームメイトがラジオを聞いていると、きみは何を感じるだろうか」

自分の内面を真剣に見つめていた学生は、やがて、顔をぱっと輝かせました。

「ああ、やっとわかった」

「どんな感じ？」

「マジでムカつく」

「オーケー、それでいい。ほかの言い方はあるけど、まあ、いいだろう」

学生の隣にはある大学教職員の妻が座っていたのですが、そのときわたしは、彼女が少々困惑しているのに気がつきました。学生の顔を見ると、彼女は言いました。

「鬱憤《うっぷん》が溜まる、ってことですか？」

感情を表現する方法はさまざまで、その人が育った文化によっても異なりますが、感情表現の語彙を身につけることは重要です。その語彙とは、自分のなかで息づいているものを端的に示すような言葉であって、決して他者を解釈する言葉ではありません。

そういうわけで「わたしは誤解されているように感じる」というような表現は避けたいのです。これは感情の表現というよりも、相手が自分を理解しているかどうかを分析した結果を表現したものです。もし自分が誰かに誤解されていると思えば、「怒る」とか「失望する」とか、いろいろな感情が湧くでしょう。先ほどの表現と同様に避けたいのが、「わたしは操られているように感じる」や「わたしは批判されているように感じる」のようなフレーズです。§

ＮＶＣでは、その種のフレーズを感情とは呼びません。残念ながら、多くの人は感情表現の

§ 感情の表現：「〜〜のように感じる」という表現には、感情が含まれていることもあれば、他者の行動に対する解釈が含まれていることもある。NVCで感情を扱うとき、「自分自身の純粋な体験や感覚」を大切にしたいという考え方のもと、他者の行動に対する解釈がなるべく入ってこないような表現を探っていくと役に立つ。266ページのリストや前著『NVC――人と人との関係にいのちを吹き込む法』（日本経済新聞出版社）などを参照。

語彙が豊かではありません。そして、そうした語彙不足の代償を、わたしはたびたび目の当たりにしてきました。感情表現の語彙一覧に興味がある方は、拙著『NVC──人と人との関係にいのちを吹き込む法』§の第4章「感情を見極め、表現する」をご覧ください。

わたしはつぎのような話をしょっちゅう聞きます。あるワークショップでは、1人の女性参加者が近寄ってきて、こんなことを言いました。

「マーシャルさん、誤解のないように言っておきますけど、わたしの主人はとてもすばらしい人なんですよ……」

このあとどんな言葉が続くかは、容易に想像できるでしょう。「でも、ね、あの人の気持ちがさっぱりわからないんです」

そして、こんな話もあります。

「長年、自分の親と暮らしているのに、親の気持ちがわかったためしがない」

なんと悲しいことでしょう。誰かと暮らしていながら、その人の胸の内を知りえないとは。

では、自分の書いたものをもう一度見てみましょう。あなたの内側で息づいていることや、あなたの感情が、ほんとうに表現されているでしょうか。他者に対する診断や、他者を「こうだと思う」という思考にならないように気をつけましょう。自分の心で感じてください。他者の行動に対して、あなたはどんな気持ちになりますか。

§『NVC──人と人との関係にいのちを吹き込む法』マーシャル・B・ローゼンバーグ著、安納献監訳、小川敏子訳自分の気持ちの原因が相手の行動にあると示唆すると、その感情表現は破壊的なものになりえます。しかし、わたしたちの感情の原因は他者の行動にあるのではなく、わたしたち自身のニーズにあるのです。あなたが書いた他者の行動の観察は、あなたの感情を引き出す「刺激」であって、「原因」ではないのです。たいていの人が、子どものときはそれを知っていたはずなのに、忘れてしまったようです。

わたしが6歳の頃、誰かに悪口を言われた子どもは、こう口ずさんだものです。「棒や石なら骨も折れるけど、言葉じゃ僕は傷つかない」。あの頃は誰もが知っていました。人は他人の行為によって傷つくのではなく、自分の受け取り方によって傷つくのだ、ということを。

残念ながら、わたしたちは権威者——教師や親など——によって、罪悪感を引き起こすような教育を受けてきました。そういう人たちは、思いどおりにわたしたちを動かすために罪悪感を利用しました。たとえばこんなふうに感情を表現して。

「あなたが自分の部屋を片付けないから、わたしは傷つくの」

「弟を殴って、わたしを怒らせるな」

自分の感情の責任をこちらに押しつけて、罪悪感を抱かせようという人々に、わたしたちは教育されてきました。たしかに感情は重要なものです。しかし、わたしたちは前述のような使い

わたしたちの感情の原因は他者の行動にあるのではない。

方をしたくありません。つまり、罪悪感を植えつけるような形で感情を使いたくないのです。自分の感情を表現するときは、その感情の原因が自分のニーズにあることを明確にするような言葉を添えることが、きわめて重要なのです。

エクササイズ

他者がとった行動に関して、こんなエクササイズをやってみましょう。その出来事をめぐる自分の感情を見きわめたら、文章にします。

「あなたがそういう行動をとるとき、わたしは［　　　　］と感じる」

相手がその行動をとったときの自分の感情を言葉にして、空欄に入れてください。

ニーズ

人間のニーズを理解すれば、それを満たす仕事は半分終わったようなものだ。

――アドライ・スティーヴンソン（政治家）

自分の内面で何が息づいているかを表現するために必要となる、第3の要素を見てみましょう。それはニーズ§です。多くの人は、決めつけを交えずに観察や感情を表現するリテラシーの獲得に苦労しますが、同じく、ニーズのリテラシーを身につけることにも苦心します。なぜなら、ニーズをネガティブなものに結びつけがちだからです。たとえば、ニーズを表明する行為を、「求めすぎている」「依存している」「わがままである」のように捉えるのです。

わたしが思うに、これもまた、支配構造にわたしたちをうまく適応させるために教育されてきた歴史によるものです。そうした教育のもとでは、権威に対しておとなしくて従順な人間ができあがります。支配構造についてはのちほど詳しく見ていきますが、ここでは「他者に対する組織的なコントロール」と考えておいてください。ほとんどの政府、学校、企業――多くの家庭でさえも――支配構造として動いています。

§ ニーズ：マーシャルはNVCにおけるニーズについて、自分のいのちが続くために必要なものと述べている。体が食べ物や水を必要とするように、内面の幸福にとっても「理解」「サポート」「正直さ」などが大切であり、ニーズと呼んでいる。こうした根源的なニーズは、国や宗教や文化を超えて普遍的なものである。また、71ページのエクササイズのように「～～を必要としている／大切にしている」とニーズを表現するが、ここにはニーズを実現するための「手段」も入りやすいので、ニーズと手段を区別すると役に立つ。

支配構造では、自分のニーズを自覚している人は、都合が悪い存在です。従順な奴隷にならないからです。わたしは学校に21年間も通いましたが、自分のニーズが何かを問われたことは一度もありません。わたしが受けた教育は、わたしがもっと生き生きとなることや、自分自身や他者とつながれるようになることは、重視していませんでした。権威者が正しいと見なすような答えを返したら褒美を与える、ということに焦点を当てた教育だったのです。

自分のニーズを自覚している人間は、従順な奴隷にならない。

今まで、自分のニーズをどんな言葉で表現していたか、振り返ってみてください。大事なことは、ニーズとその次の要素を混同しないことです。

最近、わたしのワークショップに来た1人の女性は、娘が部屋を片付けないことに腹を立てていました。そこでわたしは尋ねました。「今のその状況で、あなたのどんなニーズが満たされていないんでしょうか？」

女性の答えはこうでした。「それは明らかでしょう。わたしはあの子に部屋をきれいにしてほしいニーズがあるんです」

「ちょっと待った。それはニーズの次の要素、『リクエスト（お願い）』です。わたしが尋ねているのは、あなたにどんなニーズがあるかなんです」

彼女はそれに答えられませんでした。自分の内面に目を向けてニーズを見る方法を知らなかったのです。この母親も、娘がいかに間違っているかを診断するための言葉は持ち合わせていました。「あの子は怠け者だ」です。娘にこうしてほしいということはわかっていても、自分自身のニーズとなると、見つけ方がわからないのです。これは残念なことです。なぜなら、人は誰かのニーズが見えたときにこそ、「相手に与える喜び」が湧き上がるからです。わたしたちはみな、ニーズに共鳴できます。基本的なニーズは、すべての人に共通しているのです。

ニーズのレベルで人と人がつながるとき、それまで解決不能に思われた対立でさえも、驚くほど解決可能なものに変わり始めます。ニーズのレベルでは、互いの人間性を見ることができるのです。わたしは対立関係にある多くの人々と関わってきました。夫婦であれ、親子であれ、集団と集団であれ、多くの人が、自分たちの対立は解決できないと思っています。

わたしは長年にわたって紛争解決やミディエーション（調停・仲裁）の仕事に取り組んできました。人々がお互いを診断し合う状況を乗り越えて、ニーズのレベルで互いの内面につながるような支援ができたとき、いつも驚くべき変化が起こるのです。それが始まれば、対立はほとんど自ずから解決するかのように動き出すのです。

本章をまとめると「自分の内面で何が息づいているか」を表現

ニーズのレベルでは、互いの人間性を見ることができる。

するためには、次の3つの要素が必要なのです（詳しくは、巻末の「私たちが持つ基本的な感情とニーズ」をご覧ください）。

- 自分が**観察**していること
- 自分がいだいている**感情**
- その感情とつながっている**ニーズ**

エクササイズ

次の空白を埋めるような表現を書いてみてください。これは、これまでのエクササイズで明らかにしてきた、相手の言動とそれについて自分がどう感じるかと関連しています。自分のどんなニーズがその感情を生じさせているのかを見つけたら、こんなふうに書きます。

「わたしが今のように感じているのは、＿＿＿＿を必要としている／大切にしているから」

相手の行動によって満たされていない、あなたのニーズを言葉にしてください。

3　人生をよりすばらしいものにするには？

リクエスト（要求・お願い）

受け取りたかったら、「お願い」しなきゃ始まらない。ティースプーンを片手に、海に行かないように。子どもたちに笑われないよう、少なくともバケツくらいは持って行こう。

——ジム・ローン（起業家）

さて、もう1つの基本的な問い「人生をよりすばらしいものにするために、わたしたちに何ができるのか？」に移りましょう。第2章のエクササイズでは、特定の人物の行動に関して、自分が何を感じ、どんなニーズが満たされていないかを書き出してもらいました。第2の基本的な問い「人生をよりすばらしいものにするために、わたしたちに何ができるのか?」への答えは、次のステップである「具体的で明確なリクエスト」から浮かび上がってきます。人生をよりよいものにするために、相手に何をしてほしいのかをリクエストするのです。

行動を促す肯定形の言葉を使って、リクエストする。

ＮＶＣでは、**「行動を促す肯定形の言葉」**でリクエストすることを提案します。つまり、相手に伝える際は、「してほしくないこと」「するのをやめてほしいこと」ではなくて、「してほしいこと」として肯定形の言葉を使う、という意味です。相手に何か行動を「する」ことをリクエストするのです。「何を求めていないか」を伝える代わりに、「何を求めているか」を明確に伝えると、相手とたどりつく場所が違ってきます。

最近ワークショップに参加した、１人の教師がその好例でしょう。彼女はこんなことを話してくれました。

「マーシャル、あなたのおかげで、昨日わたしに何が起こったのか、理解できました」

「それはなんですか?」

「授業中、教科書を指先で叩いている男子生徒がいて、わたしが『教科書をコツコツ叩くの、やめてくれない?』と言うと、今度は机を叩き始めたんですよ」

もう、おわかりでしょう。相手にしてほしくないことを告げるのと、相手にしてほしいことを告げるのとでは、大きな違いがあるのです。

相手に何かをやめさせるのを目的とした場合、懲罰は効果的な手段に思えるかもしれません。けれども、これから述べる2つの問いについて、自分自身で考えてみれば、二度と懲罰を使おうとはしなくなるでしょう。子どもに罰を与えるのをやめるでしょうし、犯罪者をその行為について罰しない司法制度（更生システム）をつくろうとするでしょう。また、自分たちの国に何かをしたからといって相手国家を罰するようなこともなくなります。懲罰というのは勝ち目のないゲームです。そのことは、次の2つの問いを投げかければ、わかるでしょう。

1つ目の問いは**「自分は相手に何をしてほしいのか」**。そう、相手に何をしてほしくないかを聞いているのではありません。相手に何をしてほしいかです。でも、この問いだけでは、まだ、懲罰が有効に思えるかもしれません。懲罰を使って相手に思いどおりのことをさせた経験に覚えのある人もいるでしょう。でも、そこにもう1つの問いを追加すれば、懲罰は決して有効な手段ではなくなってくるのです。

では、2つ目の問いとは何でしょう？　それは**「自分の望むことを相手がするなら、その理由はどのようなものであってほしいのか」**です。すでに述べたとおり、ＮＶＣの目的は、思い

懲罰は勝ち目のないゲームだ。

やりの心をもってお互いに与え合えるような質のつながりを生むことです。つまり、懲罰を恐れるからでもなく、報酬を期待するからでもなく、互いの幸福に貢献したときに感じる自然な喜びから、与え合うことができるのです。

ですから、リクエストをするときは、相手に何をしてほしいかという肯定形の言葉でお願いをします。第2章で取り上げた、娘に部屋をきれいにしてほしいと思っている母親の例を思い出してください。わたしはその女性にこう伝えました。

「それはニーズでもなければ、明確なリクエストでもありません。まずニーズをはっきりさせましょう。その次に、どうしたらリクエストをより明確にできるかを探っていきましょう。お嬢さんが自分の部屋を今のような状態にしていると、あなたのどんなニーズが満たされないのでしょうか?」

女性は言いました。

「わたしは、家族が家族であるためには、それぞれが貢献しなければならないと思うんですよ」

「ちょっと待って。ストップ、ストップ。『こうしなければならない』などの自分の考えを話すのは、ニーズをゆがめた表現です。お嬢さんにあなたのリクエストの中にある美しさを感じてほしければ、まずは彼女に『お願いされたことをすれば、こんなふうに人生はもっとすばらしくなりそうだ』と感じてもらう必要があります。では、あなたのニーズは何ですか？　あなたが必要としている何が満たされていないのでしょうか？」

「わかりません」

彼女の答えに、わたしは驚きませんでした。わたしがやりとりした女性たちの多くは、「愛情深い女ならニーズを抱くなどもってのほか」と子どもの頃から教え込まれています。彼女たちは家族のために自分のニーズを犠牲にしているのです。

それと同様に、男性たちも「勇敢な男子たるものニーズなど持ってはならぬ」と教わってきました。ともすれば、相手が国王だろうと、政府だろうと、誰だろうと自分の命を喜んで捧げようとするでしょう。だからわたしたちは、ニーズを表現する語彙に乏しいのです。自分のニーズがわからずに、どうして明確なリクエストができるでしょう。

わたしの手助けで、ようやくその母親は自分のニーズをはっきりさせることができました。しかも、ニーズは1つだけではありませんでした。まず明らかになったのは、「秩序（整っていること）」と「美（きれいになっていること）」へのニーズです。なるほど、それだけなら、彼女が自分で満たすこともできるでしょう。ところが、彼女にはもう1つ「何かしらのサポートがほしい」

ニーズの語彙を育む。

というニーズがありました。彼女が望むような秩序と美をつくり出すには、他者の協力が必要でした。そういうわけで彼女は、この問題には自分の中にある2つのニーズが関わっていることに気づいたのです。「秩序」と「美」に対するニーズと、そのニーズを満たすための「サポート」というニーズです。

そこでわたしは彼女にこう促しました。

「なるほど。ではつぎに、あなたのリクエストについて考えてみましょう。そして、行動を促す肯定形の言葉で表現するんです。お嬢さんにどう行動してほしいかを言葉にしてみましょう」

母親はこう答えました。

「ええ、さっきお話ししましたよね。わたしはあの子に自分の部屋をきれいにしてほしいって」

「惜しい、もう一息。行動を促す言葉を使う必要があります。『きれいに』はあいまいすぎます。こちらのリクエストを伝えるためには、具体的な行動を示しましょう」

そこで、この母親が最終的にたどりついたのは、「ベッドメイキングをしてほしい」「洗濯物は（床に放置しないで）洗濯機に入れてほしい」「自室に持ちこんだ食器はキッチンに戻してほしい」という表現でした。これなら明確なリクエストになります。

さて、このように明確なリクエストを提示したあとには、それが強要と受け取られないように気を配る必要があります。すでに述べたとおり、「批判」という、相手の誤りをほのめかすようなやりとりは、こちら側のニーズを満たさないコミュニケーションになってしまうでしょう。そして「強要」は、人間関係に破壊的な結果をもたらすもう1つのコミュニケーションなのです。

エクササイズ

ここまでのエクササイズで行った、以下の3つの事柄を相手に伝える状況を想像してみましょう。

- 最初に、その人との間に起きたことの観察を、評価を交えずに伝える。
- 次に、起きたことに関して自分が何を感じているかを、非難や批判抜きで表現する。
- そして、その状況での自分のニーズを、相手や具体的な手段には触れずに表現する。

その後に、相手に何をリクエストしたいかを文章にしてみましょう。

「　　　　をしてもらえませんか」

あなたの人生をよりすばらしいものにするために、相手に何をしてほしいでしょうか。

リクエストVS強要

「お願い」しよう！　わたしが思うに、人生に成功と幸福をもたらす秘訣のなかで、「お願い」は最も効果的でありながら、最も見過ごされているものだ。

——パーシー・ロス（資産家）

リクエストは、「自分が望むこと」を明確に伝えるようなものにしましょう。その際、相手には、それが「お願い」であって「強要」ではないことをわかってもらうのが望ましいでしょう。でも、この2つはどう違うのでしょうか。まず、口調の丁寧さだけでは区別がつきません。たとえば、一緒に暮らしている人に「脱いだ服はハンガーに掛けておいてほしい」と言うとしたら、それはリクエストでしょうか、強要でしょうか？

これだけではまだわかりません。口調の優しさや内容の明確さだけでは、リクエストと強要の区別はつきません。決め手になるのは、相手がこちらのリクエストに応じてくれないときに、その人とどう接するかということです。その接し方次第で、こちらの

リクエスト−が強要と受け取られたら、どう対応するか。

示したものは、リクエストにも強要にもなるのです。

では、人が強要されていると解釈してしまったとき、どんなことが起きるでしょうか？　リクエストを強要として受け止めたとき、ものすごくわかりやすい反応を示す人たちがいます。あるとき、わたしは末の息子にこんなふうにリクエストしました。「脱いだコートはクローゼットに掛けてくれるかい？」

すると息子の答えは「ぼくが生まれる前は誰を奴隷にしてたの？」でした。

なるほど、こういうタイプの人は相手にしやすいと言えばしやすいでしょう。こちらのリクエストを強要と受け取ったことが、すぐにわかりますから。一方、リクエストを強要と受け取りながら、まったく異なる反応を示す人がいます。そういう人は「わかりました」と言って、実際にはやらないかもしれません。いや、最悪なのは、「わかりました」と言って、実際にやる場合です。言われたことを強要として解釈し、そのとおりにやらなかったらどうなるかを恐れて、しかたなく応じるのです。

もうひとつ、この強要の問題に関する事例を見てみましょう。わたしがニューヨーク市のある病院にコンサルタントとして迎えられたときのことです。その病院は看護師たちに重要な消毒手順を徹底してほしいと望んでいました。その手順を守らなければ、患者の命が失われる可能性があるとさえ、看護師長は訴えます。「ところが、わたしたちの調査では、一定の割合で徹底されていないという数字が出ています。看護師たちには、もう何度も何度も守ってくれと言ってきたんですよ。守らないのはプロ意識に欠けることだ、って伝えてはいるんですが」

なぜ徹底されないのか、わたしには察しがつきましたし、それが当たっていることはすぐに確認できました。翌日、当の看護師たちと顔を合わせたからです。

「昨日うかがったんですが、所定の消毒手順が守られていないときがあるそうですね。ご自分たちでもお気づきですか？」

看護師の1人が答えました。「気づいているかですって？　毎週、言われてますよ」

「なるほど、皆さん、よくわかっていると……」

「はい」

「この消毒手順の目的はご存じですね？」

「もちろん。消毒手順を守らないと、人が亡くなる場合がありますから」

やはり、看護師たちは何を求められているかを知っていたのです。そして、守らないとどうなるのかも。だから、わたしが次に何を尋ねるべきかも明らかでした。「何が消毒手順の徹底を妨げているのか教えていただけますか？」

わたしにとってお馴染みの反応が返ってきました。沈黙です。しばらくすると、ようやく1人の看護師が勇気を出して口を開きました。「えっと、つい忘れてしまうんですよね」

このように、人は押しつけられていると感じること、強要されていることは、つい忘れがちです。そして、やらなければ批判される。というわけで、わたしが「忘れる?」と返したところ、看護師たちは、看護師長の伝え方に自分たちがどれだけ怒りを感じているか話し始めました。

求められる結果が重要なほど、強要しないことが大切です。たとえば、「特定の生産基準の達成」や、今回のケースでは「人命の尊重」がそれに当たります。相手に「これはリクエストである」と信用してもらえるような、明確なリクエストを伝える必要があります。相手に「これはお願いなんだ」と信用してもらうためには、まずは相手が「そのリクエストに対して異議を唱えたとしても理解してもらえる」と確信する必要があるのです。

だから、組織のマネージャーや看護師長には、明確にリクエストする方法に加えて、相手が安心して異議を唱えられるように、その反対意見に共感する方法も教える必要があるのです。それができたとき、誰もが尊重できる合意に達することができるでしょう。このことは、企業でも学校でも、もちろん親たちに対しても、わたしたちが伝えている大切なポイントです。

リクエストであることを相手に信用してもらえるような明確なリクエストをする。

こちらが頼んだことに対して、相手が罪悪感・恥の意識・義務感・懲罰への恐れなどの理由で取り組む場合、頼んだこちら側にツケが回ってきます。望ましいのは、相手が自身の神聖なエネルギーとつながっているときにだけ、こちらのリクエストに応じて行動してくれるようになることです。神聖なエネルギーは、誰もが持っているものであり、人と人が与え合うときに感じる喜びとなって現れてくるものです。だから人がリクエストに応じるのは、ネガティブな結果を避けるためではないのです。ところが、「○○せよと強要、強制しないかぎり、家庭、企業、組織、政府では秩序を保つことができない」と考える人たちがいます。

たとえば、わたしのワークショップでこんなことを言った母親がいます。「でも、マーシャル、神聖なエネルギーに従ってこちらのリクエストに応じてくれることを相手に期待するのは素敵だけど、子どもはどうでしょう？　子どもは、まず、『しなければならないこと』や『するべきこと』を学ぶ必要がありますよね」

この善意に満ちた母親は、わたしが最も破壊的と思う2つの考え方を使っていました。それは「〜しなければならない」と「〜するべきだ」です。子どもにも大人と同様に神聖なエネルギーがあるということを、彼女は信じていませんでした。人は、懲罰の恐れからではなく、互いの幸福に貢献するという喜びから行動を取りうるということを、信じていなかったのです。

そこでわたしはこう言いました。

貢献する喜びから行動しよう。

「今日は、お子さんに何かを提示するときに、もっとリクエストらしく伝わるような別の方法をご案内しようと思います。あなたのニーズをお子さんが理解できるようになるでしょう。また、お子さんが『しなければならない』という思いから行動するのではなく、選択肢があることを意識して、自分の内側の神聖なエネルギーにつながったうえで、あなたのリクエストに応じることができるようになる、そんな方法です」

「わたしは、毎日、やりたくもないことをあれこれやっています。だって、しなければならないことってあるでしょう？」

「たとえば、どんなことですか？」

「そう、たとえば今晩、家に帰ったら、わたしは料理をしなきゃいけない。わたし、料理が大嫌いなんです。心の底から嫌い。でも、やらなきゃならないことなんですよ。20年間、料理しなかった日はありません。大嫌いだけど、人にはしなくちゃならないことがあるんです」

どう見ても、彼女は神聖なエネルギーに動かされて料理しているのではありませんでした。「しなければならない」の意識でやっていたのです。そこでわたしは言いました。「それでは、もうひとつの考え方とコミュニケーションの方法をお伝えしようと思います。ご自身の神聖なエネルギーに立ち返って、確実にそのエネルギーに従って行動できるような方法です。そうすれば、あなたの伝え方は、相手も神聖なエネルギーで応えてくれるような表現になるでしょう」

その女性はのみこみの早い人でした。ワークショップから帰宅するなり、家族に「もう料理はしたくない」と宣言したのです。その後、わたしは家族の方々から報告を受ける機会に恵まれました。３週間ほどして、なんと彼女の息子たちがＮＶＣのトレーニングにやってきたのです。セッションが始まる前に、こんな話をしました。

「母があなたのワークショップに参加してから、うちの家族がどれくらい変わったかを伝えたいんです」

「ほう、そうですか？　ずっと、気になっていたんです。お母さんからは話を聞いています。あの日以来、生き方を大きく変えたそうですね。『しなければならない』という意識で行動を選択するのではなくて、神聖なエネルギーを持って行動することを学んでから大きく変わったと。それが家族にどのような影響を与えるのか、日頃からわたしは関心があります。だから、あなたたちが来てくれてうれしいです。たとえばあの晩、お母さんが家に帰って『もう料理はしたくない』と言ったとき、どんな感じでしたか？」

年長の息子が答えました。

「思わず、心のなかで呟きましたよ。『ああ、やっとだ』って」

「どういうことですか？」

神聖なエネルギーから出発するのでないかぎり、行動しない。

「内心、こう思ったんです。『これでもう母さんは食事のたびに文句を言わなくなるぞ』って」

わたしたちの行動が、それぞれの中にある神聖なエネルギーによるものでない場合、つまり、思いやりのある与え合いへとわたしたちを自然に向かわせるエネルギーを出発点とせず、報酬を得るためであったり、罪悪感や恥の意識や義務感を動機として「こうするべきだ／こうしなければならない」という社会文化的に身につけたパターンから行動を起こした場合、そのツケは全員に回ってきます。例外なく、すべての人に。

ＮＶＣでは、「神聖なエネルギーから出発するものでないかぎり、行動しないようにしよう」と提案しています。自分の行動が神聖なエネルギーによるものかどうかは、自発的にやりたいかどうかでわかります。たとえ重労働であっても、人生をよりすばらしいものにすることが主な動機であるなら、喜んでやっているでしょう。

相手がリクエストを強要と受け取ったとき、どんなことが起きるかという話をしましょう。わたしがＮＶＣを学び始めた頃、つまりこれらの考え方を理解し始めていた頃のことです。わたしはすでに子どもが生まれて親になっていましたが、古い思考から抜け出せずにいました。それで、しばらくは今までの失敗の埋め合わせに追われました。自分ではリクエストをリクエストとして受け取ってもらえるように努力しているつもりでも、子どもたちはそれを強要と受け取りがちでした。先ほど述べた末の息子との一件もそうです。わたしが何かをしてほしいとお願いしたときに、息子は実質的に自分を奴隷のように感じたのです。

NVCを活用するようになる以前、息子とわたしの間では、週に2回「ごみ出し戦争」が勃発していました。ごみ出し戦争というのは、わたしが息子に課した作業をめぐる争いです。わたしは「ごみを出す仕事をおまえに引き受けてほしい」と言ったのですが、それは（リクエストではなく）強要でした。なぜなら、わたしは、子どもなら家事を手伝うのが当然だと考えていたのです。だから、「ごみを出してもらうことで、こちらのどんなニーズが満たされるのか」を伝えてはいませんでした。わたしが言っていたのは、息子が何をしなければならないのか、ということでした。「これはおまえの仕事だよ。パパはおまえにごみを出してほしい」とやわらげた表現を使ってはいましたが。

でも、息子にはそれが強要と聞こえるものだから、週に2回はごみ出し戦争になったのです。では、戦いの火ぶたはどんなふうに切られたのでしょうか？　わたしが息子の名前を呼ぶだけで十分でした。

「ブレット！」

息子はどんなふうに応戦するかといえば、隣の部屋にいるのに聞こえないふり。それを受けてこちらは、戦いをさらにエスカレートさせます。息子が聞こえないふりをできないくらい声を張り上げるのです。

「ブレット‼」

「何だよ？」

「ごみが出ていないぞ」

「よくわかっているね、パパ」

「早く出すんだ」

「あとでやるよ」

「この前もそう言って、やらなかったじゃないか」

「だからって、今度もやらないわけじゃないよ」

週に2回ごみを出すという、たったそれだけのことをめぐって、どれだけのエネルギーが費やされたか想像がつきますか？　そんなことが毎週毎週、2回ずつ繰り返されたのです。なぜなら、わたしは自覚がないまま「強要」をしていたからです。当時のわたしには、リクエストと強要の違いがわかっていませんでした。

やがてNVCを学び始め、ある晩、わたしは息子と向き合いました。そしてごみ出しが行われない理由に耳を傾けました。すると息子は、自分には強要だと聞こえていたからだ、ということを明らかにしたのです。

おかげで、わたしはリクエストと強要の違いをはっきり理解することになりました。この息子は、雪の日は、通りの角にある重度障害の女性の家に駆けつけるような子でした。彼女は歩けないものの、車の運転はできます。ところが、雪で敷地内の私道が埋もれてしまうと、車が出せません。すると、わたしの息子は出かけていって雪かきをするのです。しかも、その作業はゆうに1時間はかかるのですが、息子は誰がやったかを女性に話さないし、お金を要求することもありませんでした。

わが家にも雪かきの必要なちょっとした私道がありました。わたしは息子に雪かきさせることができませんでした。それなのに、なぜ、隣人のためにはやってあげるのでしょう。答えは明らかでした。隣人のための雪かきは、他者に与える喜びという神聖なエネルギーから行動することができたのです。一方、わたしが息子にやっていたのは、支配構造のなかで仕事を押しつけることでした。「わたしはおまえの父親だ。おまえが何をしなければならないかは、わたしが知っている」と言わんばかりに。

最後にもう1つ、違いを明確にしておくべきコンセプトがあります。「パワー・オーバー（Power Over）」VS「パワー・ウィズ（Power With）」です。パワー・オーバーとは、相手を服従させて何かをさせること。そのために懲罰や報酬を用います。つまり「上から（オーバー）」の力を加えるわけです。パワー・オーバーは代償をともなうため、力としてはきわめて脆弱なものです。ある研究によれば、会社であれ、家庭であれ、学校であれ、この支配的な戦術を使う組織は、意欲の低下、暴力、システムに対する見えない反発といった形で間接的に代償を払っています。

一方、パワー・ウィズは、相手に進んで行動を起こしてもらうことです。なぜ進んで行動したいかというと、それをすることが全員の人生を豊かにすることだと相手にはわかっているからです。それがNVCです。パワー・ウィズを実現するための最も効果的な方法は、自分自身のニーズと同じくらい、相手のニーズにも関心を持っていると示すことです。

批判を交えずに正直かつ無防備に伝えれば伝えるほど、パワー・ウィズは実現します。こちらから相手のどこが間違っていると指摘するよりも、相手とともに力を持つほうが、相手もこちらの幸福に対して、はるかに関心を寄せるのです。

「パワー・オーバー」と「パワー・ウィズ」の違いを明確に理解する。

エクササイズ

すでにあなたは、自分が相手に何をリクエストしたいか、そして今どんな状況にあるかを書き出したはずです。書いたものに改めて目を向けてみてください。あなたのリクエストは、相手に「パワー・オーバー」と受け取られる可能性はあるでしょうか？　パワー・ウィズの関係を確立し、相手が喜んでリクエストに応じてくれやすくするためには、何ができるでしょうか？　**行動を促す肯定形の言葉**を使って、その要求を表現し直すことはできますか？

第II部 NVCの応用

PART II

APPLYING NVC

人間に残される最後の自由は、自分の態度を選択することだ。

——ヴィクトール・フランクル
（精神科医、心理学者）

4 内なる変化をもたらす

自己教育による成長

教育は人生のための準備ではない。教育は人生そのものなのだ。
――ジョン・デューイ（哲学者）

ここから、以下のようなものに変化を起こすためにＮＶＣがどのように役立つか、見ていきましょう。

- 自分自身の内面
- 自分の価値観とは相いれない行動をしている相手
- 自分が生きている社会構造

第1部では、まずNVCの目的について述べました。それは、「思いやりのある与え合いが可能になるようなつながりをつくり出すこと」です。次に、そうした生き方に必要な、基本的なリテラシーを明確にしました。つまり、「感情」「ニーズ」「リクエスト（要求・お願い）」がどういうものか、それらをどのように表現するかについて述べました。表現する際に大切なのは、3つの要素を「贈り物」として差し出すことで、こちらの内面で何が息づいているかが相手に伝わるようにすることです。

なぜ「贈り物」なのでしょうか。それは、どんな行動が人生をより豊かにするかを相手が理解できれば、相手はこちらの幸福に自らの意志で貢献するチャンスを得られるからです。そして、すでにお話ししたとおり、共感的なつながりを通じて、人はその贈り物を他者から受け取ることができます。たとえその人がきわめて暴力的な言語を使っているとしても、です。

これからNVCが変化にどう役立つかを見ていくうえで、覚えておいてほしいことがあります。相手がこちらの望むように行動を変えるとすれば、その人の動機は「今よりも少ない代償で、自分のニーズを満たすよりよいやり方に気づいたから」であってほしいのです。行動を変えなければ罰せられそうだからとか、「罪悪感」を抱かされそうだという恐れからではなく。

それではこれから、「自己の内面で生じる変化」「こちらの価値観と相いれない行動をしている相手」「こちらの価値観とは相いれない形で機能している社会構造」について、順番に見ていきましょう。

まずは、自分自身について。最近、自分がやってしまった失敗、つまりやらなければよかったと後悔している行動を1つ思い出してください。そして、「やらなければよかったと思う行動をしてしまった自分自身を、わたしはどう教育するだろうか」と考えてください。つまり、その行動を後悔した瞬間に、あなたは自分に何を伝えるか、ということです。

以前のトレーニングセッションでこんなことがありました。わたしは、NVCをどのように活用すれば、自尊心を失わずに自分の至らなさから学べるかについて、話していました。すると1人の女性が、その朝、子どもに怒鳴り散らしてしまったと打ち明けてくれました。彼女は、言わなければよかったことを言ってしまったし、子どもの眼差しからその子が深く傷ついているのが見てとれた、と話しました。わたしはこう尋ねました。「その瞬間、ご自分をどう教育しましたか？　自分自身に何と言ったのでしょう？」

すると女性は答えました。「心のなかで『わたしは何てひどい母親なんだろう。自分の子どもに向かって、そんなふうに話しかけるべきではなかった。どうかしてるんじゃないの？』って

自尊心を失わずに、自分の至らなさから学ぶ。

言いました」

残念ながら、多くの人がそうやって自分を教育しています。権力者の好まない行動をとったときに他の人から受ける教育と同じことを、わたしたちは自分自身に施しているのです。他者から非難されたことや罰せられたことを、自分の考えとして取り込んでしまいました。その結果、罪悪感や恥の意識、あるいは別の暴力的で強制的なやり方で、自分を教育するようになってしまったのです。自分自身でも、暴力的な方法で自分を教育していることに気づいています。どうやってそれがわかるのかって？

それは、3つの感情が教えてくれるからです。気持ちの落ち込み、罪悪感、恥の意識です。わたしが思うに、人がしょっちゅう落ち込んでいるのは、病気だからとか、何か問題を抱えているからではありません。むしろ、道徳的な判断・決めつけによって自分を教育したり、自分を責めたり、この母親のような考え方を教え込まれてきたからです。彼女は、わが子に怒鳴り散らすような行動をとるのは、自分がどうかしている、悪い母親なのだ、と自分に言い聞かせたのです。

ちなみに、わたしはよくこんな話をします。「わたしは地獄についてこんなふうに捉えています。子どもを持ったときに、『よい親像』というものがある、と考えることです」。そんなふうに考えてしまうと、大半の時間を落ち込んで過ごすことになります。なぜなら、「よい親」

になるのは大変な仕事だからです。それを重視しすぎるあまり、わたしたちは、やらなければよかったと思うような行動を何度も繰り返してしまうでしょう。だからこそ、わたしたちは学ぶ必要があるのです。ただし、自分自身を憎むことなく。罪悪感や恥の意識からの学びの代償は、高くつきます。今さら、これまでの学びをなかったことにはできません。すでにわたしたちの内側に取り込まれてしまっているからです。暴力的な決めつけによって自分を教育するように、わたしたちは訓練を受けてしまっているのです。

ＮＶＣのトレーニングでは、そんな風に自身に語りかけているときに一度立ち止まり、決めつけに光を当てて、自分が自分に何を語りかけているのかを見る方法を教えます。そうすると、自分がどのように自己教育をしているか、どれほど自分を罵ったり自分がおかしいと考えたりしているかに気づきます。つぎに、これらの決めつけの裏側を探り、根っこの部分にあるニーズに目を向ける方法をお伝えします。つまり、「自分のとった行動によって、どんなニーズが満たされなかったのか」を探るのです。

わたしが例の母親に尋ねたのは、まさにそれでした。「お子さんにそんなふうに話してしまったことで、あなたのどんなニーズが満たされていなかったのでしょう？」わたしが少し手助けすると、彼女は自分のニーズに気づきました。

決めつけの裏側の、根っこにあるニーズに目を向けることを学ぶ。

「マーシャル、わたしには、人をリスペクトする、敬意をもって接するという心からのニーズがあります。相手がわが子であればなおさらです。あんな話し方では、人をリスペクトするというニーズを満たしていません」

「自分のニーズに気づいた今、どんな気持ちですか？」

「悲しいです」

「今のその悲しさを、さっき話していたことと比べると、どんな感じがしますか？　先ほどは、自分はひどい母親だなど、いろんな言葉で自分を批判していました」

「甘い痛み§のようなものですね」

「そう、それは自然な痛みですからね」

自分の行動によって満たされていないニーズがあると気づくことを、わたしは「嘆き」と呼んでいます。自分の行動への嘆きです。ただし、それは自分を責めずに嘆くことです。あの行動は自分のどこかが間違っているせいだ、という考えを伴うものではありません。わたしの手助けでニーズとのつながりに気づいた人は、たいてい、この母親と同じような痛みを口にします。非難や決めつけによって自分を教育しているときに生じる、気分の落ち込みや罪悪感や恥の意識とは違って、甘い痛みのようなものを感じるようになるのです。続いて、わたしはその母親に、自分がしたことへのもっともな理由に目を向けるように促しました。

§ 甘い痛み：自分や他者への批判／非難をいっさい含まない純粋な痛み・悲しみをマーシャルは甘い痛み（Sweet Pain）と表現している。

すると彼女は「え？」と答えました。

わたしは繰り返しました。「あなたがしたことのもっともな理由です。それを考えてみましょう」

「おっしゃる意味がわかりません。自分の子どもにあんなふうに怒鳴り散らしたんですよ。『もっともな理由』ってどういう意味でしょう？」

「わたしたちは、それなりの理由もなく行動しません。それを念頭に置いておいてください」

どんな人であっても、もっともな理由もなく行動をとることはない、というのがわたしの考えです。では、もっともな理由とは何か？　ニーズを満たすことです。わたしたちの行動はど、ん、な、こ、と、で、も、自分のニーズを満たすための試みなのです。

「お子さんに今朝のような話し方をしたとき、あなたはどんなニーズを満たそうとしていたのでしょうか？」

「わたしがやったことは正しかったと言うんですか？」

「子どもにそういう話し方をするのが正しかった、と言っているのではありません。その行動によって、どんなニーズを満たそうとしていたのか、それに気づけるようになりましょう、と提案しているんです。自分の行動からできるかぎりの学びを得る方法が、２つあります。１つ目

非難や罪悪感を交えずに、自分の行動を嘆く。

は、自分の行動によって満たされなかったニーズに気づくこと。2つ目は、その行動によって満たそうとしていたニーズに意識的であること。この2つのニーズに気づきの意識を集中していられたら、自尊心を失わずに自分の至らなさから学べるようになるでしょう」

わたしは続けました。「では、あなたがお子さんに声を上げたとき、どんなニーズを満たそうとしていたのでしょうか?」

「マーシャル、わたしには『わが子がいつでも守られていてほしい』というニーズがあります。あの子が行動を改めてくれないと、たいへんなことになるんじゃないかと心配でたまりません」

「なるほど、あなたはお子さんに健やかであってほしいという切実なニーズを持っていて、そのために尽くそうとしていたんですね」

「でも、あのやり方はひどかったわ。あんな風に怒鳴り散らしてしまうなんて」

「やったことを心のなかで悔いている自分がいるという点はすでに確認しましたよね。敬意をもって他者と接するというニーズが満たされていなかった、と。では、その行動によって満たされたニーズが何だったのかに意識を向けてみましょう。あなたはお子さんを大切に思っていますね。お子さんに健やかであり続けほしい」

「そうです」

「そんなとき、『どのように行動していたら、両方のニーズを満たすことができただろう？』と自分に問いかけてみると、将来同じような状況に置かれたときにどう対処できるのかを、考えられるようになるでしょう。その2つのニーズを思い浮かべると、自分にはもっと別の表現方法があったんじゃないかと思いませんか？」

「ああ、そうか。そうですよね。2つのニーズに気づいていれば、まったく違う表現をしていたでしょう」

このやりとりのような形で、自分の内面に取り組むときにNVCを使う方法を説明します。まず、望ましくない行動をしてしまったときの第一歩は「嘆くこと」、つまり、ニーズが満たされずにいる自分自身に共感することから始めます。そして、たいていの場合、それをするには、自分のなかに組み込まれてきた「決めつけ」に耳を傾け、しっかり「聞き届ける」必要があります。そうすれば、気分の落ち込みや罪悪感や恥の意識さえも、うまく活かしていくことができるのです。たとえばこれらの感情は、自分がいのちとつながれていないと気づくためのアラームとして使うことができるでしょう。いのちとは、自分のニーズに触れることができている状態そのものです。自分を非難する行為は、頭のなかで自分を相手に暴力的なゲームを繰り広げているようなものです。

自分の行動によってどんなニーズが満たされたのかに意識を向ける。

自分のなかの満たされていないニーズと共感的につながることを学んだら、つぎに、そのニーズを何とかして満たそうとしていた自分にも目を向けます。自分と相手の内面で何が息づいているかに目を向け、人生をよりすばらしいものにするために必要なステップを踏む準備をしていくのです。

そのようなニーズと共感的につながることは、多くの場合そう簡単なことではありません。自分の内側に目を向けて、その行動をとってしまったときのことを振り返ってみると、たいていは、こんな言葉が浮かんできます。「しかたがなかったんだ。ほかに選択肢はなかった」。そんなことは絶対にありえません！　わたしたちはいつだって選択肢を持っています。選択もせずに行動を起こすことはないのです。わたしたちは、ニーズを満たすために、行動を選んでいるのです。ＮＶＣが重視するのは、あらゆる瞬間に選択肢が存在すると認識することです。どんなときにも、人は自分の選択で行動しているのです。何の選択もなしに起こす行動など、何ひとつありません。さらに言うなれば、人のあらゆる選択は、ニーズを満たすためのものなのです。このようにＮＶＣは、わたしたちの内面で活用することができます。

自分の「過ち」への自己共感

うれしいことに、わたしたちには過ちを犯すという、すばらしい特権がある。そして、過ちに気づく知恵と、その過らを、未来へと続く道を照らす明かりに変える力もある。過ちは知恵の成長痛なのだ。それなくしては、個々の成長も、進歩も、克服もない。

――ウィリアム・ジョージ・ジョーダン（作家）

自分の過去の行動や経験をめぐって、たいへんな苦しみを抱えている人が大勢います。そういう人に、苦しみの根源に触れる手助けをするときに最初に行うのは、その人が、苦しみをつくり出しているものをめぐって、どんな言葉を自分自身にかけているかに気づいてもらうことです。

その点で、ＮＶＣは、精神科医のトマス・サズが著書『精神医学の神話』§で述べたことと一致しています。身体的な問題が心の健康を害する場合はたしかにありますが、精神病患者と呼ばれる人たちの大多数は、心理的な苦痛をみずからに引き起こすような思考とコミュニケー

§『精神医学の神話』T・S・サズ著、河合洋ほか訳、岩崎学術出版社、1975年

ションの形を単に「たっぷり教え込まれている」にすぎません。彼らは病気ではなく、人生をかなり悲惨なものにしてしまうような思考やコミュニケーションのあり方を習得してしまっただけなのです。

したがって、最初のステップは、自尊心を失わずに自分の過ちから学ぶ方法を知ることです。つまり、デトロイト育ちのわたしに言わせるなら、「ヘマすることを楽しむ方法」です。そこで、ワークショップの参加者には、まず、自分の失敗を1つ思い浮かべてもらうことから始めます。そういうわけで、完璧な方にはワークショップへの参加をお断りしています。せっかく参加したのに、何にも題材がないというのでは困りますからね！

まず、ワークショップ参加者には、やらなければよかったと思っている自分の行動を思い浮かべてもらいます。つぎに、心のなかでどんな言葉を自分にかけているか、ほんの少し教えてもらえませんか、とお願いします。人というのは、かなり乱暴な言葉を自分にかけているものですね。乱暴な言葉を使うのは、どうやらゴルフのプレー中だけじゃないらしい。こういう場合、皆さんからいちばんよく返ってくる答え、つねにナンバーワンのコメントは、「この大ばか者め！」です。なんとまあ、この世は大ばか者であふれていることか。そうかと思えば、暴力的な言葉を使う人もいます。人間が発明した最も暴力的な言葉のひとつ「べき（should）」です。たとえば「わたしはそうするべきじゃなかった。もっと慎重になるべきだった」など。

「べき」という言葉は、暴力的なゲームから来ています。そのゲームの背景には、この世にはよいものと悪いものがあり、「〇〇するべき」ものと「〇〇するべきでない」ものがあるという考え方があります。そのゲームのもとでは、するべきことをしない人は罰を受けるべきであり、正しいことをする人は、報酬を与えられるべきなのです。これはとてつもない苦痛を生み出します。そこで、ワークショップの参加者には、自分が完璧ではないときに、自分に対してどんな言葉をかけているかに気づいてもらうのです。すると、じつにさまざまな記憶がよみがえってきます。

たとえば、子どもの頃、親からしょっちゅう言われていて嫌だった言葉を、いまだに自分自身に言っていることがあります。「そんなこと、わかってたはずでしょ」「だらしない」「ばかなやつだ」「わがままだ」「どこかおかしいんじゃないのか？」などなど。今でも、自分が完璧ではないときに、親と同じようなやり方で自分を教育しているわけです。失敗したとき、まず、自分自身をひどい言葉で叱責するのですから、医薬品の売り上げの41パーセントを抗うつ剤が占めるのも当然でしょう。間違いを犯したら自分を責めよ、と教え込めば、一生の大半を抑うつ状態で過ごす人が大勢いる社会のできあがりです。

「するべきだ」の苦しみから抜け出すお手伝いをするために、NVCでは、この思考法に気づくことから始めます。つぎに、そ

「べき」はとてつもない苦痛を生み出す。

の思考法は満たされないニーズの悲劇的な表現である、ということを示します。つまり、自分がとった行動によって何らかのニーズが満たされず、そのニーズが特定できれば、その行動からもっと学べるようになる、ということです。なぜなら、自尊心を失うことなく、そのニーズを満たすためにはどう行動すればよかったかを考え始めるからです。このように、まずはその人が自分自身にどれほど暴力的な言葉をかけているかに気づいてもらい、それから、その言語をニーズの言語に翻訳する方法を知ってもらうのです。

つぎに、その人が失敗と呼ぶ行動をとったときに、どうすれば内面で息づいているものとつながれたか、について考えていきます。言いかえれば、「その行動で満たそうとしていたニーズは何か」を明確にすることです。こういう場合、母親はこんなふうに言うかもしれません。

「このトレーニングに遅刻しかけていて、今朝、家を出る前に子どもを怒鳴ってしまいました。ほんとうはそんなふうに言うべきじゃなかったのに。すごく罪悪感を感じています。われながら、ひどい母親ですよね」

「つまり、怒鳴ったことについて、あなたは自分に『ひどい母親だと思う』という言葉をかけているのですね？」

「そうです」

そこで、こんなふうにして、ニーズを明確にするお手伝いをします。

「あなたの何のニーズが満たされなかったのでしょうか？　自分はひどい母親だ。あんな行動はとるべきじゃなかったという決めつけには、どんなニーズが表現されていますか？」

「わたしは、どんな人に対しても敬意をもって接したいんです。自分の子どもに対してはとくにそうです」

「では、それが満たされなかったニーズですね」

「はい」

「今の気分はどうでしょう？」

「ええ、さっきまでとはだいぶ違います。悲しみを感じます。落ち込みとか、自分に対する怒りとは違いますね」

「なるほど。では次に、考えてみてください。怒鳴るという行動で、あなたは、どんなニーズを満たそうとしていたんでしょうか？」

「ああ、それについては、どんな言い訳も許されませんよね」

「とんでもない。むしろ、もっともな理由があったはずです。あなたがその行動をとった理由は、あらゆる人間がとる、あらゆる行動と同じ理由なんです。つまり、その時点で自分が知っている最善の方法で、ニーズを満たそうとすることです。その行動をとったとき、あなたにはどんなニーズがあったのでしょうか？」

「そうですね。あなたや他の参加者を尊重するために、トレーニングに間に合いたかったんです」

こうして彼女は、自分が必死になっていた背景には「みんなで合意したスケジュールを守りたい」というもう1つのニーズがあったことを、明らかにできました。このように共感をもって自分自身とつながれるようになれば、その人は、自分を批判し始めたときに、その自己批判を「満たされないニーズ」に翻訳する方法がわかるようになるのです。自分自身に共感できるようになれば、自尊心を失わずに、つまり罪悪感を抱いたり落ち込んだりせずに自分の至らなさから学ぶことが、もっとうまくできるようになるでしょう。

それどころか、わたしに言わせれば、自分に共感できなければ、他人に共感することは非常に難しくなります。自分の失敗について自分のどこかがおかしいと思い続けてしまうなら、相手の行為については相手のどこかがおかしいのだと思わずにいられるでしょうか？　自分自身に共感し、いのちを豊かにするようなあり方で真の自己とつながり続けることができれば、「自分の行動では満たされていないニーズ」を感じとれるし、その時点で「その行動で満たそうとしていたニーズ」も見えてきます。ニーズに意識を向けていれば、自尊心を失うことなく、ニーズを満たすことがもっとできるようになるし、他者の言動をあれこれと決めつけることを

内面で息づいていたものに共感をもってつながる。

避けられるようになるのです。

ＮＶＣは、自分の実際の行動と望ましい行動が対立するときに、心の平和をつくる方法を学ぶのに役立ちます。もし自分自身に暴力をふるってしまうならば、どうやって平和な世界づくりに貢献するというのでしょうか？　平和は自分の内側から始まります。わたしが言っているのは、心のなかの暴力的な習慣から完璧に自由になってからでなければ、自分の外に目を向けてはならないとか、より大きな社会の変化に貢献できないということではありません。わたしたちはその２つに、同時に取り組む必要があるのです。

ＮＶＣは、心の平和をつくる方法を学ぶのに役立つ。

過去の傷を癒やす——嘆きと謝罪の違い

嘆く暇のない者は治る暇もない。

——サー・ヘンリー・テイラー（劇作家）

NVCのトレーニングでは、「癒やし」を扱う機会がよくあります。その癒やしは80人、90人もの参加者の前で起きるのですから、じつにたくさんの人がこのアプローチの効果を目の当たりにしていることが感じられるのではないでしょうか。参加者たちは、それまで6年も7年も受けてきた従来の心理療法より、30〜40分間のわたしのワークで得ることのほうが多いと話してくれます。

まず、ワークショップでは、過去に起きたことについてはほとんど触れません。過去の出来事について語れば、癒やしにつながらないばかりか、心の痛みを永続化させ、増大させることも珍しくありません。痛みを再体験するようなものです。わたしが教わった精神分析の手法とはかけ離れていますが、長年の経験から、「今この瞬間に何が起きているかについて語ることが、癒やしにつながる」ということを学びました。たしかに、現在の状態は過去に刺激されます。過去が現在に影響していることは否定しません。ただ、過去に「浸る」ことはしないのです。

では、具体的に何をするのでしょうか？　わたしがよくやるのは、過去にその参加者に大きな苦痛を引き起こしていた人物の役を、わたしが演じることです。その人物は参加者の親である場合も珍しくありません。子どもの頃にその参加者を殴ったり、性的に虐待していたりした父親の場合もあるでしょう。仮に、父親の行為によってずっと苦しんできた人が、今、目の前にいるとします。わたしは苦しみの要因である人物の役を、ＮＶＣについて知っているという前提で演じます。

まず、共感をもって次のように語りかけます。

「父さんがしたことによって、Ａ（当事者の名前）の中で今でも息づいているものは何？」

このように、父親役のわたしは、過去の自分の行動について語るのではなく、過去の出来事によって、相手の心のなかに今も息づいているものについて語るのです。

参加者はＮＶＣを知らない場合が多いので、自分の内面で息づいているものを語ろうとすると、どうしても診断を通して語ることになります。

「父さんはどうしてあんなことができたの？　自分がどれだけひどい人間だったか、わかってる？　父親が子どもをあんなふうに殴るなんて」

今この瞬間に何が起きているかについて語ることが、癒やしにつながる。

そこでわたしは、まず、こう言います。

「Aが言っているのは、　　　　　　だと聞こえたよ」

そして、NVCを使って、その「　　　　　　」の部分を相手の感情やニーズに翻訳していきます。こんなふうに父親のロールプレイをしながら、当事者の表現が明確でなかったとしても、わたしは相手の心の痛みに共感的につながろうとします。

NVCでは、相手が下すこうした診断は、現在の感情やニーズの悲劇的な表現であることがわかっています。そこでわたしは、相手の内面で今も痛みを伴って息づいているものが十分に理解されたと相手が感じるまで、続けます。そして、相手が必要な理解をわたしが示し、相手がそれを受け入れることができたら、わたしは「嘆き」に移ります。引き続き、その人の父親として、謝罪するのではなく、嘆くのです。

NVCでは、嘆きと謝罪には大きな違いがあると捉えています。謝罪は基本的に、わたしたちが使う暴力的な言語の一部です。謝罪は自分の悪さをほのめかします。「自分は責められて当然だ」「自分は悔い改めるべきだ」「あんなことをした自分はひどい人間だ」といった具合に。そして、自分をおぞましい人間だと認めて、十分に後悔したときに、あなたは許されるのです。「ごめんなさい」はそういうゲームの一部です。自分を十分に憎んだなら、許されるというわけです。

それとは対照的に、真の癒やしが起こるのは、自分がひどい人間だと同意するゲームによってではなく、自分の内面に目を向けて、自分のとった行動によって満たされなかったニーズが見えたときなのです。そして、ニーズにつながったとき、これまでとは違う種類の苦しみを感じるでしょう。それは自然な苦しみです。自分自身に対する憎しみでもなく、罪悪感でもなく、学びと癒やしをもたらす苦しみです。

ロールプレイで父親役のわたしは、娘に共感したあとに、こんなふうに嘆きます。

「わたしは、ものすごく悲しい。あのときの、わたしが自分の痛みを何とかしようとしてとった行動が、結果としてAにたいへんな痛みをもたらすことになってしまったから。あの行動では、わたしのニーズは満たされなかった。ニーズはまったく逆で、Aの幸せに役立ちたいということだったんだ」。これが嘆きの一例です。

この嘆きに続いて、父親役は、過去におぞましい行動をとったときに、自分の内面で何が息づいていたかを、娘に説明します。ここでは、過去に目を向けはしますが、出来事を語るのではなくて、当時、父親の内面で息づいていたことを娘が見ることができるようにするためです。

たとえば、父親はこう言うかもしれません。

「あの頃、父さんは人生でいろんな痛みを抱えて苦しんでいたんだ。仕事がうまくいかなくて、落ちこぼれのように感じていた。

謝罪は、暴力的な言語の一部である。

それで、子どもたちが騒いでいると、痛みから抜け出すために他にどうしたらいいかわからず、あんなにひどいことをしてしまったんだ」

父親が自分の内面で息づいていたことを正直に表現できたとき、そして、娘がそのことと共感的につながって見ることができたときに、思いがけないほどの癒やしがもたらされます。しかも、これが大勢の人が見守るなかで、1時間ほどのワークで起こることに驚く人もいます。

エクササイズ

過去にあなたが関わりを持ち、今も痛みをもたらしている人物、もしくは出来事を1つ選んでください。その人物、または、出来事について考えると、今あなたの内面で何が息づいていますか？　当時、相手の内面で何が息づいていたかもしれないと思いますか？

5 共感をもって他者とつながる

生命の網を編んだのは人ではない。人は網糸の1本にすぎないのだ。その網に向かって何かをすれば、それは自分自身に向かってするのに等しい。万物は結ばれている。すべては互いにつながっているのだ。

——シアトル酋長（北米先住民族の族長）

ここまでの章では、自分の内面で何が息づいているかをどうやって表現するか、何が人生をよりすばらしいものにするかを見てきました。観察、感情、ニーズ、明確なリクエスト（要求・お願い）が不可欠であることを見てきました。ただし、ここまでは文法の話にすぎません。つねに心に留めておいていただきたいのは、文法が力を発揮するのは、NVCのプロセスの精神的《スピリチュアル》な目的を果たすために活用されたときだけである、ということです。その目的とは、人と人との間につながりをつくり出し、人々が神聖なエネルギー、すなわち相手を思いやる喜びや与え合う喜びから行動を起こせるようになることです。その目的を持たないままでは、全体像を見失ってしまいます。

たとえば、ワークショップの2日目に、ある母親がこんな話をしてくれました。

「マーシャル、わたし、さっそく昨日の晩に家で試したんですよ。でも、うまくいきませんでした」

わたしはこう促しました。

「じゃあ、その経験から学んでみましょう。あなたはどんなことをしたんですか?」

その母親は、自分の望みどおりのことをしなかった子どもに、どんなふうに話したかを披露してくれました。前日に教わった文法を完璧に使っていました。きわめて明確な観察をもとに、自分の気持ちとニーズとリクエストを伝えたのに、子どもは応じてくれなかったそうです。

「うまくいかなかった、とは、どういう意味ですか?」

「だって、あの子は、わたしの求めていることをしなかったんですよ」

「ああ、つまり、お子さんがあなたの望むことをしなかったから、うまくいかなかった、と定義しているわけですね?」

「そうです」

「なるほど、それはNVCではありません。文法を使っていたとしても、そこが本質ではないのです。昨日のわたしの話を覚えていますか？　NVCの目的は、思いやりをもって喜びから与え合うことが可能になるようなつながりの質を、相手との間につくることなんです。単に自分の求めているものを手に入れるだけが、目的ではありません」

「え、それじゃあ、家のなかのこまごまとしたことは、いっさい、わたしが引き受けなくちゃいけないんですか？」

　彼女は多くの人と同じ勘違いをしていました。自分の思いどおりに人を動かせないと、残る選択肢は、あきらめて放任して混沌に任せるしかないと考えるのです。そこで、わたしが話しているような方法でつながりをつくれれば、相手と自分の双方のニーズが満たされうる、ということを実演してみせました。しかし、リクエストに応じさせることに固執していると相手が感じた場合、やり取りの本質が変わってしまいます。その瞬間、リクエストは「強要」に変化するのです。

相手のメッセージに応える

人は自分のためだけに生きることはできない。何千本もの糸がわたしたちと同胞を結びつけている。共感という、その糸に沿って、わたしたちが行動すれば、それは原因となり、やがて結果となって戻ってくる。

——ハーマン・メルヴィル（作家）

たとえば、あなたがＮＶＣで定義されるような正直さを相手に示した、という状況を考えてみましょう。このような形で自分を表現するのは、プロセスの半分です。残りの半分は、相手のメッセージにどう応じるかということです。

「もし心を開いて自分をさらけ出したら、こんなことが起こるのでは」と、多くの人が恐れていることがあります。それは、「これが、自分のなかで息づいているものです」「こうすれば、人生がよりすばらしいものになります」と正直に打ち明けると、相手が自由に診断を下してしまうのではないか、ということです。たとえば相手から、自分が示した感情、ニーズ、リクエストを持っている事自体がおかしいと言われるのではないか。あるいは、神経質すぎる、甘えすぎる、要求が多すぎるなどと言われるのではないか、と恐れているのです。それはもちろん、ありえることです。わたしたちは、そのような考え方が一般的な世界に住んでいるのですから。だから、こちらがほんとうに心を開いて正直になれば、相手から「あなたは○○○だ」という診断が返ってきてもおかしくありません。でも、朗報があります！　ＮＶＣを使うことで、どんな反応が返ってきても対処できるように準備ができる、ということです。

沈黙を恐れる人たちもいます。「心を開いて自分をさらけ出しても、相手が何も言わなかったら？」と。それにも対処できるようになります。

また、多くの人が、たった2文字の言葉を恐れています。「NO《ノー》」です。「こちらが心を開いて、自分の望みやニーズを伝えたとしても、相手がノーと言ったらどうするんだ？」と。

これまでのエクササイズで自分の書いたものを、見返してみてください。相手からどんな反応が返ってきても大丈夫なように備えるためです。

ＮＶＣのプロセスの残り半分は、「相手の内面で何が息づいているか」と「何が相手にとって人生をよりすばらしくするか」への共感的なつながりをつくることです。共感的なつながりには、具体的な意味と目的があります。「共感」とは、もちろん、特別な種類の理解のことです。相手の言葉を頭で考えて捉えるだけの理解ではありません。

多くの人が、たった2文字の言葉を恐れている。「NO《ノー》」だ。

それよりもはるかに深くて、かけがえのないものなのです。

「共感的なつながり」とは、心で理解することであり、相手のなかの美しさ、神聖なエネルギー、その人のなかに息づいているいのちを、見つめるということです。わたしたちはそれとつながるのです。目標は、知性による理解ではなく、共感をもってつながることなのです。とはいえ、相手と同じ感情を抱く必要がある、という意味ではありません。それは同情であり、たとえば相手が動揺しているときに、こちらも悲しくなる類のものです。相手と同じ気持ちになる必要はなく、共感とは相手とともにいることなのです。このような理解ができるようになるには、人間が他者に与えられる最も貴重な贈り物が必要です。それは、「今ここにいること」です。

強調しますが、相手を頭で理解しようとするとき、わたしたちは相手とともに「今ここ」にはいないのです。相手を頭で理解しているときは、その人を分析しているのであって、「ともにいる」ことにはなりません。共感的につながるとは、「今この瞬間に」相手の内面で息づいているものとつながることです。ここでもう一度、先ほど列挙した、相手がこんな反応をしそうだという予想を見てみましょう。

仮に、あなたは上司に3日連続で残業を依頼されていて、不満を感じているとしましょう。仕事以外にもこなしたい約束や必要事項があるので、あなたはいらいらしています。そこで上司に、残業をしたくない理由を正直に明かして、今晩はほかの人に作業をお願いできないでしょうか、と明確にリクエストを伝えました。

あなたはあえて正直に自分をさらけ出したのですが、上司は「クビになりたいなら、好きなようにしろ」と言ったとします。こんなとき、あなたはどんな選択肢を持っているでしょう？　相手からやってくるすべてのメッセージに対して、あなたがとりうる選択肢をこれから考えてみましょう。

選択肢その1――自分の問題だと思う。つまり、自分がリクエストしたことには自分の間違いが含まれているのかもしれない、と考えるわけです。だから、上司に言い返されると、あなたはすぐに「自分はわがままだ」とか「自分はあまりいい社員じゃない」と考えます。上司の言葉を、自分のどこかがおかしいことの指摘として受け取るのです。

わたしたちは、権力者からおかしいと言われると、自分のどこかがおかしいのだと考えるように教え込まれてきました。でも、他者があなたについて考えていることに、決して、絶対、絶対に耳を貸さないでください。他人があなたをどう思うかに決して耳を傾けなければ、もっと楽しく長生きできるでしょう。それはともかく、絶対に自分個人の問題として捉えないでください。

> 相手を頭で理解しようとするとき、あなたはその人とともに「今ここ」にはいない。

選択肢その2――相手を批判する。上司のような表現を投げかけられたときに取れる第2の選択肢は、相手が言ったことについて相手を批判することです。たとえば、心のなかで、あるいは、声に出してこう言うかもしれません。「それはフェアじゃない」「ばかげている」。わたしたちは、相手の発言について相手を非難することはできます。ですがそれは、お勧めしません。わたしがお勧めしたいのは、相手からどんなメッセージが送られてきても、そのメッセージと共感的につながる方法を学ぶことです。そのためには、相手の内面で息づいているものに、目を向ける必要があります。

ジョシュ・バラン編纂による『365日、今ここの涅槃――瞬間瞬間を悟りの中で生きる』[§]という本には、わたしが共感をサーフィンにたとえて話したときの一節が引用されています。共感という行為は、波に乗るようなもので、ある種のエネルギーに触れることです。そのエネルギーとは、あらゆる瞬間にあらゆる人間の内面で息づいている、神聖なエネルギーなのです。

残念ながら、多くの人は、これまで教え込まれてきた考え方があるために、その神聖なエネルギーとのつながりを絶たれています。けれどわたしにとって共感とは、相手を通して伝わってくるエネルギーとともにいる、ということです。それは崇高な経験であり、まるで神聖なエネルギーの流れに乗っているかのように感じられます。人と人がそんなふうにつながれたなら、

他者からのどんなメッセージにも共感的につながることを学ぼう。

§ 未訳。Baran, Josh (ed.). *365 Nirvana Here and Now: Living Every Moment in Enlightenment* (ThorsonsElement, Apr. 2005)

どんな対立においても、全員のニーズが満たされるような形で解決できるでしょう。

ＮＶＣで、好ましくない行動をとっている文化的背景の違う相手に共感する方法を教えると、互いの違いを平和的に解決していく道が見えてきます。そう、共感が起きるとき、それはすばらしい体験なのです。従来の敵対的戦術ではなく、共感にもとづいて外交関係に平和をもたらそうとするほうが、はるかに効果的です。

さて、相手の内面で息づいているものに共感的につながれるようになると、驚くほどの癒やしが起こります。残念ながらこの世界では、人々が痛みに苦しんでおり、多くの癒やしが求められています。だからわたしには、他の宗教の信者から犠牲を強いられた人たちを支援してほしい、という依頼がよく届きます。

たとえば、わたしはひとりのアルジェリア人女性に対して、癒やしのワークを行いました。彼女は以前、友だちと一緒に車内にいたときに、男たちに囲まれ、服装が気に入らないという理由で外に引きずり出されました。彼女は、友だちが車の後ろに縛り付けられ引きずりまわされ、そのまま亡くなるところを、無理やり見させられました。そして男たちは、彼女を家に連れ戻し、両親の目の前でレイプしたのです。襲った男たちは翌日

残念ながらこの世界では、多くの癒やしが求められている。

の晩に彼女を殺害しに戻ってこようとしていましたが、幸いにも彼女は電話にたどりつき、スイスのジュネーブにいるわたしの仲間に助けを求めたのでした。その仲間は、危機的状況から人々を救出する専門家です。

無事に女性の救出を終えたわたしの仲間が、電話をかけてきました。

「マーシャル、この女性に癒やしのワークをやってもらえませんか？　ものすごく苦しんでいて、スイスに来てから、もう2週間も泣きどおしなんです」

「わかった。今晩、その人をよこしてください。喜んでワークをしましょう」とわたしは答えました。

「マーシャル、1つ知っておいてください。彼女は、あなたを殺してしまうんじゃないかと不安がっています」

「ロールプレイがどういうものか、あなたから説明したんですよね？　わたしは相手の役を演じるだけで、その人じゃないってことを」

「ええ、その点は理解しています。でも、あなたを相手だと想像しただけでも、危害を加えてしまうかもしれないと言っていました。しかも、マーシャル、もうひとつ知っておいてほしいことがあって、彼女は体格がいいんです」

「警告ありがとう」と言ったあと、そういえば彼女はわたしと違う言語を話すだろうと思い、こう付け加えました。「では、通訳を用意すると伝えてください。ルワンダ出身の男性で、午後にわたしがやるトレーニングの参加者です。彼自身が今まで体験してきた暴力を踏まえると、彼はこの状況を恐れることはないでしょう。わたしたち2人と同じ部屋でワークして、その女性が安心を感じられるか様子を見ましょう」

というわけで、わたしはその女性に会い、服装と振る舞いが気に入らないという理由で彼女とその友人に暴力を働いた宗教的過激主義者の役を演じました。これはかなり長くかかりました。1時間半にわたり、その女性はわたしに自分の感じた苦しみを叫び続け、それに対してわたしは、この瞬間に彼女に生じた深い痛みにただ耳を傾けるという、NVCの共感を実践しました。この瞬間の彼女の深い痛みに、ただ耳を傾けたのです。すると彼女は大声で叫びました。

「いったいなんで、そんなことができたの!?」

そこでわたしは、こう言いました。

「俺は、あのとき自分のなかで何が起きていたかを話したいと思っている。でも、苦しんでいる今のあなたを見ていると、自分がどんなに悲惨な気持ちになっているか、そのことを先に言いたい」

わたしはまず、嘆きました。つぎに、自分の内面で何が息づいていたためにあの行動に至ったのかを話しました。すると女性はひどく驚いて、こう言いました。

「どうしてそれがわかるの？」

「と言うと？」

「だって、あの男が言ったことと、ほぼそっくりそのままなんだもの。どうしてわかったのかと思って」

「どうしてって、わたしはその男だからですよ。あなたもそう。わたしたちみんなが、そうなんです」

人間性の内面の核となるところでは、わたしたちは誰もが同じニーズを持っています。だから、わたしはこういう癒やしのワークをする際に、自分が演じる人物の内面で何が起きているかを、頭で考えようとはしません。代わりに、自分をその立場に置き、もし自分がそのようなことをしたなら、そのときに内面で息づいていたと思われるものを言葉にするのです。この女性がそれに耳を傾けることができたとき、あれほど苦しんだ経験に対してようやく、驚くほどの癒やしが起こったのです。それ以来、彼女とは8年近く連絡をとり合っていますが、あのときの癒やしは今も続いています。

相手の反応に対してどう応えるか。その方法についてNVCで提案されていることを見る前に、事前準備として、あなたが選んだ状況にもう一度目を向けて、つぎのことを想像してみてください。その状況で、今まで学んだ内容を実践することを、想像するのです。

エクササイズ

あなたは、相手のところへ行って、例の2つの問いに答えるための4つのステップを使って正直に表現しよう、と決心しました。そして、相手に対して、ここまでのエクササイズで書き留めておいた4つの事柄である、「その人のとったあなたの気に入らない行動」「それについて自分はどう感じているのか」「自分のどのニーズが満たされていないのか」「自分のリクエストは何なのか」を伝えることができたとします。

さて、相手はどんな反応を示しそうですか。予想される反応を書き出してください。

6 他者の内面にある美しさを見る

愛とは、他者のなかに自分を見出すこと、そしてそれを知ることの喜びにほかならない。

——アレクサンダー・スミス（詩人）

ＮＶＣは、他者の内面で何が息づいているかを見つけるひとつの方法を、わたしたちに教えてくれます。そして、相手の言動がどうであろうと、どんな瞬間にも、その人のなかにある美しさを見る方法も教えてくれます。すでにお話ししたとおり、そのために必要なのは、その瞬間に相手が抱いている感情とニーズにつながることです。それこそが、相手の内面で息づいているものなのです。そして、相手の感情とニーズにつながったときにわたしたちは、その人がとても美しい歌を歌っているのが聞こえるようになるのです。

ワシントン州の学校で、12歳の子どもたちに、他者と共感的につながる方法を紹介したときのことです。子どもたちは、親や教師との接し方を知りたがっていました。自分の内面で何が息づいているかを正直に明かしたときに、どんな反応が返ってくるかを恐れていたのです。生徒の1人が、体験談を話してくれました。

「先生に正直に話したことがあります。先生の説明が理解できなかったことを伝えて、『もう一度説明してもらえますか？』って言ったら、『人の話を聞いてないのね？　もう2回も説明したわよ』って言われました」

　別の男の子のこんな話もありました。

「昨日、パパに頼みごとをしました。ぼくのニーズを伝えようとしたんだけど、『この家に、おまえほどわがままな子はいない』って言われたんです」

　この父親のような言葉を使う身近な人に対して、どうすれば共感的につながれるのか、子どもたちはその方法を切実に知りたがっていました。なぜなら子どもたちは、自分個人の問題として受け取る、つまり自分の何かがおかしいのだと捉える考え方しか知らなかったからです。

　わたしは次のように伝えました。

「他者と共感的につながったとき、その人がつねに美しい歌を歌っているのが聴こえてくるんだよ。相手は、自分のなかで息づいている美しいニーズをぜひ見てほしい、とお願いをしているんだ。もしわたしたちが、その瞬間に相手の心の中で流れている神聖なエネルギーとつながれたなら、相手のあらゆるメッセージの背後に流れる歌が聴こえてくるようになるよ」

別の事例をお話ししましょう。あるときわたしは、アメリカに対してあまり友好的でない国の難民キャンプを訪れました。そこには170人ほどの人たちが集まっていたのですが、通訳がわたしをアメリカ人だと紹介すると、聴衆の1人が飛び上がって、叫びました。「人殺し！」別の人が立ち上がって叫びます。「子ども殺し！」もう1人は「暗殺者！」と。

わたしはその日、自分がNVCを知っていることをありがたく思いました。NVCのおかげで、聴衆の言葉の向こう側にある美しさ、彼らの内面で何が息づいているかに目を向けることができたからです。

NVCでは、相手がどんなメッセージを発していても、その背後にある感情とニーズに耳を傾けることで、美しさを見ることができます。そこで、わたしは最初に叫んだ男性に尋ねました。

「あなたが怒っているのは、あなたが支援を必要としているのに、わたしの国によってそれが満たされていないからですか？」

そのときわたしに求められていたのは、その男性の感情やニーズ

共感的につながることを学ぶと、相手がつねに美しい歌を歌っているのが聴こえてくる。

を感じ取ろうと努力することでした。間違えていた可能性もあります。しかし、たとえ間違えても、相手の人間としての神聖なエネルギー、つまりその瞬間の感情やニーズに真摯につながろうとすれば、その人がどんな言葉をぶつけてきても、相手の内面で息づいているものを大切にすることはできるのです。その意図を相手が信頼することができたとき、わたしたちは全員のニーズが満たされるようなつながりをつくる道程を、しっかりと歩んでいるのです。

この難民キャンプの集会では、そうスムーズに事が進んだわけではありません。この男性は並々ならぬ苦しみを抱えていたからです。幸いにも、わたしの推測は正しかったことが判明しました。「あなたが怒っているのは、あなたが支援を必要としているのに、わたしの国によってそれが満たされていないからですか?」とわたしが尋ねると、男性は次のように言い放ったからです。

「そうに決まってるだろ、くそったれ! ここには下水もない。まともな家もない。それなのに、あんたたちは、なんで武器を送り込むんだ?」

「なるほど、もう一度聴かせてください。あなたは、下水や住まいなどが必要なのに不足している状況はとてもつらい。さらに、それらの代わりに武器が送られてきていることに、大変な

相手の内面で息づいているものを自分が大切にしていることが伝わるような方法で、つながろうとする。

苦痛を感じてらっしゃるんですね」

「まったくそうだよ！　こんな暮らしを28年も続けるのがどういうことか、わかってるのか？」

「ということは、あなたはとてもつらい思いをしていて、自分たちの置かれた状況の理解を必要としているのですね」

このときわたしは、自分に向けられた「人殺し」という考え方ではなく、この男性の内面で何が息づいているかに耳を傾けました。この男性が、わたしは彼の感情とニーズを真摯に大切にしていると信頼したとき、彼は次第にわたしの声に耳を傾けられるようになっていったのです。

そこで、わたしは言いました。

「いいですか。わたしは今、遠路はるばるここまでやってきたので、不満に感じています。皆さんにお伝えしたいことがあるんです。しかし、わたしのことを『アメリカ人だから』というレッテルを貼ったがために、わたしの言葉に耳を貸そうとしてくれないのではないかと心配しています」

「俺たちに何を言いたいんだ？」

このようにして、彼は聴くことができるようになりました。

そのためには、彼がぶつけてきた非難の向こう側にいる、1人の人間の姿を見る必要があったのです。1時間後、この男性はラマダンの食事をとるために、わたしを自宅に招いてくれました。ちなみに現在、その難民キャンプにはNVCスクールというわたしたちの学校があります。わたしは現地に足を運ぶたびに、その難民キャンプで温かく迎えられるようになりました。

わたしたちが互いの人間らしさとつながれたとき、つまり、あらゆるメッセージの背後にある感情やニーズとつながったとき、こういうことが起こります。感情やニーズは、かならずしも口に出さなくてはならないわけではありません。相手が何を感じ、何を必要としているかは、ときとして、言葉にしなくてもはっきりと伝わってきます。わたしたちが相手に真摯につながろうとしているかどうかを、相手は目を見て感じとるのです。

ここで気をつけたいのは、相手の考えに同意する必要はないことです。相手の発言内容を、好きにならなくてもいいのです。相手と真摯につながるとは、あなたの存在《プレゼンス》、つまり「ここにいる」というかけがえのない贈り物を差し出すということです。すなわち、相手の中で息づいているものと、今この瞬間にともにいて、それに関心を持っており、その関心は誠実なものだと示すことです。この行為は、心理学的なテクニックとしてではなく、この瞬間に相手のなかにある美しさとつながりたいから行われるものです。

わたしたちが相手に真摯につながろうとしているかどうかを、相手は目を見て感じとる。

では、ここまでの話をまとめておきましょう。相手と対話を始めるためには、まず、こちらの内面で何が息づいているか、そして、人生をよりすばらしいものにするために相手に何をしてほしいか、を伝えます。つぎに、相手がどんな反応を返してこようと、その人の内面で息づいているものと、その人にとって人生をよりよくするものにつながろうとします。そして、全員のニーズが満たされるような手段が見つかるまで、このコミュニケーションの流れを続けるのです。

相手がどんな手段に同意するとしても、それは、互いの幸福に貢献したいという気持ちから同意するのであって、ここまでに述べてきたような、懲罰や罪悪感に屈するなどの理由は避けてほしいのです。多くの人は、そんなことができない相手もいると思い込んでいます。相手が深く傷ついている場合、こちらがどんなコミュニケーションをとろうと、そこまでの関係にはたどりつかないと信じているのです。しかし、わたしの経験は異なるものでした。

このようなつながりがいつも簡単に実現する、と言っているのではありません。世界のあちこちで、わたしは服役囚の方々ともワークを行ってきましたが、相手からわたしに対して「この人は自分の内面で何が息づいているかに、真摯に関心を寄せ

相手がどんな反応を示そうと、その人の内面に息づいているものとつながろうとする。

ている」という信頼を得るまでには、かなり時間を要する場合があります。ときには、真摯に関心を寄せるという態度を示し続けるのに苦労することもあります。なぜなら、わたし自身の文化的背景として、幼い頃からそういう態度でいることに慣れていなかったために、振る舞い方を身につけること自体が難しいからです。

それで思い出すのが、NVCを学び始めた頃のことです。当時、わたしは上の息子と対立していました。息子の言葉に対するわたしの最初の反応は、彼の内面で息づいている感情やニーズにつながろうとするものではありませんでした。話を遮って、おまえは間違っている、と言いたくなりました。深呼吸をしなければなりませんでした。しばらく、自分の内面で起きているものに目を向ける必要があり、息子とのつながりを失いかけている自分に気づく必要があったのです。そして、息子に意識を向け直し、こう伝えます。

「そうか、おまえは○○○と感じているんだね。おまえは○○○を必要としているんだね」

そうやってわたしは、息子とつながろうとしました。

すると、息子が別のことを言い、わたしはまたしてもかっとなります。なので、スピードを落として、また深呼吸し、息子の内面で息づいているものに何度でも意識を戻しました。当然ながら、会話がここへたどりつくまでに、普段より時間がかかっています。しかも息子は、外に友だちを待たせていました。

ついに息子は言いました。

「パパ、話すのに時間がかかりすぎだよ」

「だったらすぐに言えることがある。言うとおりにしなきゃシリをけとばすぞ」

「慌てなくていいよ、パパ、慌てないで」

このように、NVCでわたしたちに必要とされるのは、文化的な植えつけではなく、1人ひとりが持つ神聖なエネルギーを出発点にできるよう、時間をかけることなのです。

7 何に変化を起こしたいのか

変化せずに進歩することなどありえない。自分の心を変えられない者は何ごとも変えられない。

――ジョージ・バーナード・ショー（作家）

社会に変化をもたらす取り組みの効果を高めようとするなら、自分の内面での取り組みが必要だ、と意識しておくことが役に立ちます。そして、内側に目を向けるときには同時に外側も見て、世界で起きてほしい変化に目を向ける必要があるのです。では、そうした変化の事例をいくつか取り上げながら、NVCがどのように役立つかを見ていきましょう。

世のなかには、明らかに、わたしたちにとってきわめて恐ろしい振る舞いをする人たちがいます。犯罪者と呼ばれるような、ものを盗んだりレイプしたりする人です。不快感どころか恐怖心を感じる振る舞いをする人が身の回りにいたら、わたしたちは何をすればいいのでしょうか？　どうすれば、そういう相手を変える、あるいは変わってもらうことができるのでしょうか？　ここで必要となるのが、「修復的な正義（Restorative Justice）」の使い方を学ぶことです。誰かがこちらの気に入らない振る舞いをしたときも、罰しないようにする方法を学ぶ必要があるのです。

すでに述べたとおり、懲罰は勝ち目のないゲームです。他者が行動を改めようとするときの理由は、その行動を続けると罰せられると思うからではなくて、こうすればより少ない代償で自分のニーズをよりよい形で満たせそうだ、という別の選択肢に気づいたからであってほしいのです。

以前スイスで開いたワークショップで、ある母親にこの点を説明しようとしました。彼女とは次のように話しました。

「マーシャル、どうすれば息子にたばこをやめさせられるでしょう？」

「それがあなたの目的なんですか？　息子さんに喫煙をやめさせることが」

「そうです」

「じゃあ、息子さんはたばこを吸い続けるでしょうね」

「え？　どういうことですか？」

「誰かに何かをやめさせることを目的にしたとたん、わたしたちは力を失います。わたしたちが、自分であれ、他者であれ、社会的にであれ、何らかの変化をもたらすために真の意味で力を持つためには、『どうすれば世界は今よりよくなるか』という意識から出発する必要があるんです。相手には、今より少ない代償で自分のニーズをよりよい形で満たせる方法がある、ということをわかってほしいのです」

わたしとその母親は、彼女とその息子の置かれている状況に、どうすればこの考え方を応用できるか検討していきました。彼女は息子の健康が心配で、ひどく悩んでいました。喫煙が始まってから2年間、毎日のように親子喧嘩をしています。彼女の目的は、息子にたばこをやめさせることとです。それを達成するために、彼女は、喫煙の恐ろしさを言って聞かせていました。彼女は「マーシャル、こんな状況で、NVCはどんなふうに役に立つのでしょうか？」と述べました。

「まず、第1のポイントが明確になっているといいのですが。あなたの目的は、息子さんにたばこをやめさせることではありません。『喫煙によるニーズが何であれ、今より少ない代償でそのニーズを満たす方法を息子さんが見つけるお手伝いをすること』です」

「それはいいですね。すごく役に立ちます。でも、息子にどう伝えればいいんでしょう？」

相手に何かをやめさせることを目的にしたとたん、わたしたちは力を失う。

「まず、あなたは喫煙が息子さんにできることの中で最もすばらしい行動だと捉えている、ということを誠実に伝えるところから始めてみてはいかがでしょうか」

「はぁ？　どういうことですか？」

「喫煙が自分のニーズを満たしていないなら、息子さんはたばこを吸うことはないでしょう。だから、彼が満たそうとしているニーズに対してこちらは共感的につながっているよ、と誠実に示すことができれば、息子さんは、自分の行動の理由をあなたが理解してくれた、と感じるでしょう。わたしたちは彼を裁いているわけでも、責めているわけでもありません。人はそのような質の理解を感じたとき、心を開いて、別の選択肢に耳を傾けてみようと思うでしょう。逆に、『頑なに自分の行動を変えようとしているんだな』とか『自分は今の行動を責められているんだな』と感じると、変化は実現しづらくなります。だから最初のステップは、息子さんに誠実に伝えることです。あなたは彼の行動が、彼が知る中で自分のニーズを満たすための最もすばらしい方法だと捉えている、と」

その母親は、昼食のあとワークショップに戻ってきたとき、顔を輝かせていました。ほんとうにきらきらしていたのです。

「マーシャル、午前中に教えてくれたことに、すごく感謝しています。ランチの時間に息子に電話したんですけど、こんなにすばらしいコミュニケーションがとれたのは初めてです」

「ほう、詳しく聞かせてください」

「家に電話をかけたら、13歳になる下の息子が出たので、『急いで、お兄ちゃんを呼んでくれる？　話があるの』と言いました。そしたら、下の息子が『えー、お兄ちゃんは今、裏のテラスにいるんだけど……』と言うんです。だから、ああ、あの子は今ちょうどたばこを吸っているんだな、って思いました。この2年間ずっと喧嘩を繰り返してきて、少なくとも家の外で吸うことには、同意してくれたんです。それで、わたしは下の息子に言いました。『わかったわ。それは構わないから、お兄ちゃんに話があると伝えてくれる？』って」

15歳の息子は電話に出るなり、「何だよ？」と言うので、母親はこう答えたそうです。

「今日ね、あなたの喫煙のことでちょっと学んだの。それを伝えたくって」

「ふうん、何？」

「喫煙は、今のあなたにできる行動の中で、いちばんすばらしいことなんだってわかったわ」

と、女性の話をここまで聞いたところで、わたしは遮りました。

「わたしがやってほしかったこととは、ちょっと違いますね。わたしが言おうとしていたのは、共感的なつながりを通じてコミュニケーションをとりましょう、理解していることを示しましょう、ということなんです」

> こちらが目的を達成するために頑なになっているといると相手が思ったとき、変化は実現しづらくなる。

するとき母親はこう返しました。

「ええ、マーシャル、その点は理解しています。でもね、息子のことはよくわかっているつもりです。だから、喫煙は今のあの子にできる最もすばらしい行動だとわたしが捉えていると率直に言ったほうが、こちらの伝えたいことも手っ取り早く伝わるだろうと思って」

「なるほど、あなたは息子さんのことをよくご存じでしょうね。それで、どうなりましたか？」

「マーシャル、特別なことが起きたんです。この件で喧嘩ばかりしてきたのを思えば、特別としか言いようがありません。息子はしばらく黙りこくっていたんですけど、そのあと、こう言ったんですよ。『それはどうかな』って」

ご覧のとおり、こちらが相手を変える目的について頑なにならなければ、相手も身構える必要がなくなります。そして自分の行動が理解されていると感じた瞬間、その人は、他の可能性に対して柔軟になることがはるかに簡単になるのです。

人は、理解されていると感じたとき、他の可能性に対して柔軟になることが簡単になる。

刑務所でワークショップするときにも、わたしは同じ原理を応用しています。わたしの気に入らない行動をしている人がいるとしましょう。そういう場合、わたしはまず、相手がその行動によって満たそうとしているニーズに共感をもってつながろうとします。そして、それがどんなニーズか理解したら、つぎに、そのニーズを満たすために、より効果的で代償の少ない方法を探ってみませんか、と提案するのです。

ワシントン州の刑務所に招かれて、1人の若者とワークを行ったときのことです。彼は児童への性的虐待の罪で3度目の服役中でした。わたしはまず、彼がその行動をとったときに内面で息づいていたものに、共感的につながることから始めたいと思いました。そこで、彼の内面でそのとき何が起きていたかをよりよく理解したいと伝え、その行動によって、どんなニーズを満たそうとしていたのか聞かせてほしいと言いました。すると若者は唖然としています。

「何を聞きたいって？」

「きみがそれをやるのには、もっともな理由があるはずだと思う。この罪で刑務所に入るのは3回目だ。性犯罪者の刑務所暮らしなんて、楽しくないでしょう、わたしに言われるまでもなく」

「そんなこと、あたりまえだろ」

「大きな代償を払いながら続けるってことは、その行動が何らかのニーズを満たしてくれるからにちがいない。そのニーズが何なのかを明らかにしましょう。なぜなら、ニーズが理解できれば、もっと効果的で、より代償の少ない方法を探すことが

ニーズを満たすために、より効果的で代償の少ない方法を探る。

できると信じているからです。というわけで、きみのニーズは何だろう？」

「俺がやったことは正しいと言ってるのか？」

「いいや。正しいと言ってるんじゃない。わたしが言いたいのはこういうことです。きみの行動の理由は、わたしが何か行動する理由とまったく同じです。それはニーズを満たすこと。なので、あの行動によってきみが満たそうとしているニーズは何だろう？」

「俺がクズだからやっているんだ」

「そうじゃない。それは、自分は何者かという考え方だ。いつから自分がクズだと思っている？」

「生まれてこの方ずっと」

「自分をそう思っているからって、あの行動をやめられたかい？」

「ないよ」

「ということは、自分を決めつけることは、きみのニーズも、きみの周囲の人間のニーズも満たすことにはならないでしょう。しかし、きみが自分の行動で満たされているニーズが何かを理解するところから始めれば、みんなのニーズを満たすことができるとわたしは思う」

　明らかに彼は、わたしの助けを必要としていました。自分のニーズが何かを考えるように訓練されていないからです。刑務所も、学校も、家庭も、彼を自分はクズだと感じさせるような場所でした。彼が施された教育は、自分は何者かを考えるものであって、自分の一ーズとは何かを考えるものではありませんでした。わたしと彼は、多くのニーズを発見することができました。1人の人間の内面で何が息づいているか、その実例として、いくつかのニーズを紹介します。

まず、彼は子どもたちを自分のアパートに連れていって、とても優しく接しました。子どもたちの好きなテレビ番組を見せ、好きな食べ物を与えたりしました。わたしは尋ねました。

「それによって、きみはどんなニーズが満たされるだろう？」

すると、彼がずっと孤独だったことがわかりました。「コミュニティに属する」「人とつながる」「一緒にいる」というニーズが、満たされることがなかったのです。これらのニーズを満たすために見つけた最善の方法が、子どもたちをアパートに迎えてもてなすことでした。もちろん、性的虐待などせずに、そのニーズを満たすこともできたでしょう。

次にわたしたちは、彼の性的虐待について考えました。

「その行動によって、どんなニーズが満たされたんだろう？」

彼にとって、自分の内面を見つめるのは簡単なことではありません。だから、答えにたどりつくまで、しばらく時間がかかりました。彼が気づいたのは、その行動の奥にあるニーズは、「理

わたしたちは、自分のニーズが何かを考えるように訓練されていない。

解されること」「共感されること」でした。

　犠牲者である子どもたちの目の奥にある恐怖から、彼は、自分が幼い頃に父親から同じ行為を受けたときに感じたことを子どもたちに理解してもらえた、と感じたのです。それが自分のニーズだと彼は気づいていませんでした。そのニーズを満たす他の方法も知りませんでした。わたしたちが彼のニーズを明確にできたとたんに、子どもたちを恐怖に陥れなくても、ニーズを満たす方法が他にいくらでもあることが明らかになったのです。

　こちらの好まない行動をとる人と対話するとき、このようにNVCを使います。わたしは、まず、相手がその行動をとることで彼らのどんなニーズが満たされているかに、共感的につながろうとします。次に、その行動によって、わたしのどんなニーズが満たされていないかを伝えます。その人の振る舞いによって、わたしが恐怖や不快感を感じていることを伝えるのです。そして、相手とわたしの双方のニーズをより効果的に、より少ない代償で満たせる別の方法を、ともに探るのです。

　この事例は、NVCの実践者が修復的正義の原則にとても調和していることを物語っています。真の平和と調和を実現しようとするなら、わたしたちは、ただ悪者を罰するのではなく、平和を修復する方法を見つける必要があります。NVCのトレーニングの大部分は、こうした

NVCの実践は、修復的正義の原則と非常によく調和している。

原則と調和しているのです。

他者からひどいことをされた人とわたしが会うときに、修復的正義を実践することもあります。たとえば、その人がレイプされたとします。レイプした方を罰するのではなく、双方が修復的正義の試みに同意したうえで、その実践を始めるのです。多くの場合、レイプした人は服役中で、修復的正義に関わるかどうかを選ぶ権利があります。

具体的な仕組みはこうです。まずわたしは、被害を受けた人が、自分の体験した苦しみを表現するのを手助けします。その痛みの多くが、とても、とても深いものです。しかもNVCを知らないので、相手に配慮しながら苦しみを表現する方法も知りません。たとえば、レイプされた女性だったとしたら、相手に強烈な言葉をぶつけるかもしれません。「あんたなんか死んでしまえ。拷問を受ければいいんだ、このろくでなし」

つぎにわたしは、レイプした側の男性が、相手の苦しみに共感的につながるのを手助けします。相手の苦しみの深さに、ただ耳を傾けるように促すのです。彼らはそうすることに慣れていません。まず謝罪しようとするのです。

「すまなかった。あのときは……」

そこでわたしは間に入ります。

相手の苦しみと共感的につながる。

「いや、ちょっと待って。さっきわたしが何と言ったか思い出してください。まずは、共感してほしいんです。彼女の苦しみの深さを十分に理解していることを、示してほしいんです。彼女の感情とニーズを、伝え返してもらえますか?」

彼にはできません。そこでわたしは「じゃあ、わたしが伝え返しましょう」と言って、彼女の語ったすべてを感情とニーズに翻訳します。そして、彼がそれに耳を傾けられるように手助けします。これを通じてレイプされた人は、レイプした人から理解されるということを体験します。続いてわたしは、レイプした人が自分の行為を嘆く手助けをします。謝罪するのではありません。それだと簡単すぎるからです。わたしは彼に、自分の内面を探るよう促して、相手の苦しみを目の当たりにしたときに、何を感じるかを見つめる手助けをします。そのためには、自分の心の奥深くに入っていく必要があるのです。それはとてもつらいことですが、癒やしをもたらす痛みなのです。だからわたしは、男性の嘆きを手伝うのです。

当然、女性は、男性が単に謝罪するのではなく、心から嘆いていることを目の当たりにします。そこでわたしは男性に尋ねます。

「あの行為を彼女に対して行ったとき、あなたの内面では何が起きていたのでしょう?」

このように、男性が当時の気持ちを感情とニーズの形で表現する手助けをしたあと、被害を受けた人がそれに共感する手助けをします。ここまでくると、今ここにいる2人は、最初に部屋に入ってきたときとはまるで別人のように変わっているのです。

エクササイズ

あなたの気に入らない行為をした相手が、どんな方法をとれば、あなたを傷つけた行為をせずに相手自身のニーズを満たせたかを、考えてみてください。その選択肢を、あなたはどのように相手に伝えられるでしょうか？　ここまで学んだことを活かして、相手への伝え方を書き出してみましょう。

8 ギャングとその他の支配構造

わたしたちはどうしてこうなったのか

世界がよい方向に変化するのは、とにかく世界の現状にこれ以上うんざりするのにもううんざりだ、と人々が感じて、自分を変えようと決心したときである。

——シドニー・マッドウェッド（詩人）

ここまでは、ＮＶＣが自己と他者の内面にどのような変化をもたらすかを見てきました。そして、その変化をもたらすためには「ニーズの意識」が必要なこともわかりました。つまり、いい、いい、いい、いい、あらゆる非難とあらゆる決めつけ、たとえば「わたしはクズだ」「わたしはアル中だ」「わたしは中毒者だ」という考え方は、学びの妨げになるし、より少ない代償でもっと豊かに生きる方法を学ぶのも難しくしてしまう、という意識が必要です。では、その意識は個人以上のレベルにどう当てはまるでしょうか。

ここで少し、歴史を振り返ってみましょう。歴史神学者ウォルター・ウィンクのような人たちによれば、およそ８０００～１万年前に、いろんな背景が重なって、「善人が悪人を成敗することが、善き生き方だ」という神話が誕生しました。その神話が、専制的な体制、つまり、王や君主を自称する人々による支配に甘んじて生きることを助長してきた、といいます。そうした体制をわたしは「支配的社会」（優越意識を持つ人たちが他者をコントロールする社会）と呼んでいますが、人々に特定の思考法を植えつけて、虚ろな善人をつくり出すことにすぐれています。その思考法を植えつけられた人々は、上から言われるままに従うようになります。

女性たちは「善良な女はニーズなど持たないものだ」と信じて、家族のために自分のニーズを犠牲にします。一方、男性たちは「勇敢な男はニーズなど持たない」と信じて、王様の財産を守るために自分の命を喜んで捧げるのです。そして人類は、報酬と懲罰の両方が正当化されることをほのめかしながら互いを決めつける、という思考法を発展させました。「ある人が報酬や懲罰を受けるに値する」という考え方を強化するような、「報復的」正義にもとづく司法制度を作り出したのです。わたしは、こうした思考法と行動様式が、現在の地球にある暴力の

支配的社会は、人々に特定の思考法を植えつけ、虚ろな善人をつくり出すことにすぐれている。

根底にあると考えています。

専制的な体制を維持したければ、人々を次のように教育すればいいでしょう。物事には正しいものと間違っているものがあり、善と悪があり、利己的なものと利他的なものがある、と信じ込ませるのです。では、誰がその違いを知っているのか。それはもちろん、ヒエラルキーの頂点にいる人です。このようにして、あなたのマインドは、「権威のピラミッドにおいて、自分より上の人からどう評価されるか」を心配するようにプログラムされていくのです。

そうしたマインドセットを育むのは、たいして難しいことではありません。人々に、自分や他者の内面で真に息づいているものとのつながりを絶つように仕向ける、つまり 他者からの評価を絶えず気にするようにさせさえすればいいのです。こうした権威の下で生きる人類は、自分自身や他者とのつながりを絶つような言語を発展させました。これらすべてのことが、互いへの思いやりをとても難しくしているのです。

今も支配社会は続いています。王様が一部の支配層に置き換わったくらいでしょう。つまり支配する側が個人ではなく、わたしが「ギャング」と呼ぶ集団に入れ替わったにすぎません。社会に変化をもたらす取り組みの多くはおそらく、個人の振る舞いよりも集団の行動に関心があるでしょう。わたしの考えるギャングとは、「人々の好まない行動をする集団」です。「ストリートギャング」を自称するギャングもいますが、彼らは、わたしが最も恐れるギャングではありません。

他のギャングは、「多国籍企業」や「政府」を自称する人々です。この2つのギャングは、わたしが大切にする価値観とは相いれない行動を頻繁にとっています。学校をコントロールし、教師が正誤や善悪を生徒に教え込むことを望んでいるのです。多国籍企業と政府というギャングが学校に求めているのは、報酬のために働くような生徒をつくることです。そうすれば、その生徒たちを将来労働者として雇い入れ、意味のない作業を1日8時間、人生の40年間も続けさせられるからです。

> ギャングとはわたしたちの好まない行動をする集団である。

支配者が王様からギャングに置き換わっただけで、基本的な構造は以前と同じです。この問題についてさらに知りたい方には、G・ウィリアム・ドムホフ著『現代アメリカを支配するもの』§をお勧めします。ドムホフは政治学者ですが、この本を書いたのが原因で2つの職を失いました。ギャングに属している人々は大金を持っており、自分たちギャングの存在を一般市民に知らしめようとする学者に資金を援助したくないからです。

とはいえ、支配者層に組み込まれている人たちが、生まれつき、あからさまに民衆を操作するような悪人だとは思っていません。むしろ、彼らはその支配構造を発展させ、その構造を信じ、自分たちを大衆に比べて高い権威に近い恵まれた存在だと信じています。だから、その高

§『現代アメリカを支配するもの』ドムホフ著、陸井三郎訳、毎日新聞社、1971年。原書では2001年発行の第4版を参考文献として挙げているが、邦題は旧版の翻訳書のものを使用した。

い権威の地上での影響を存続させるために、民衆を操作するような行動をとっているのです。

この世界観は連綿と受け継がれ、世界の大部分に浸透していますが、完全に行き渡っているわけではありません。ルース・ベネディクトやマーガレット・ミードといった人類学者たちは、この思考法に毒されていない地域が残っていることを示しています。そこでは、他の地域と比べてはるかに暴力が少ないのです。

NVCが支配構造に巻き込まれている人々に提案しているのは、ひとつの考え方とコミュニケーションのあり方です。それは、きっと彼らの人生をもっとすばらしくするようなものなのです。他者を支配したり、戦争を起こしたりするよりも、はるかに楽しいゲームを紹介できます。もっと楽しい生き方が、本当にあるのです!

では、NVCがどのように「ギャング」を変える役に立つかを、見ていきましょう。わたしが気づいてほしいのは、ギャングの振る舞いが、人々の教育のされ方や人々が内在化することにどんな影響を及ぼしてしまうか、ということです。詳しく説明しましょう。わたしはこれまで、ある種の言語やコミュニケーション形式は、きわめて破壊的な影響を及ぼしてきたのではないか、とお伝えしてきました。

しかし、その言語はどこから来たのでしょうか?　道徳的な判断・決めつけや懲罰と報酬の戦術は、どのようにして支配的に

NVCは、他者を支配するゲームよりも、はるかに楽しいゲームを提供する。

なったのでしょうか？　なぜわたしたちは、それらを使うのでしょうか？　人々がその戦術を学ぶのは、それがギャングとしての振る舞いを支えているからです。

学校で変化を起こす

早いうちに方向を変えなきゃ、今のままで終わっちまうぞ。
——アーウィン・コーリー（コメディアン）

たとえば、学校について考えてみましょう。教育史学者のマイケル・B・カッツによれば、教育改革はおよそ20年のサイクルで発生します。約20年ごとに市民が懸念を持ちはじめ、大きなリスクをとって、学習水準を引き上げるとか、校内暴力などの問題を減らすといった観点で効果がありそうな教育改革に乗り出します。

そうやって改革に取り組むのですが、その効力は5年以内に失われてしまうのです。カッツは、著書『階級・官僚制と学校』§で、その原因について述べています。カッツによれば、改革者たちは学校の間違っている部分を指摘して変えようとするが、「何がその学校にとってうま

§『階級・官僚制と学校——アメリカ教育社会史入門』M・B・カッツ著、藤田英典、早川操、伊藤彰浩訳、有信堂高文社、1989年

くいっているのか」を見ていないのです。

しかし、アメリカの学校は、「ギャングとしての振る舞いを支える」という設立の意図を実行しているにすぎません。どのギャングかというと、この場合は経済構造のギャング、つまりビジネスを仕切っている人たちです。彼らはもともと3つの目標をもって、学校教育をコントロールしてきました。

第1の目標は、将来雇用されたら指示通りの仕事をするように、人々に権威への服従を教えること。

第2の目標は、外から得られる報酬のために努力するような人間をつくること。ギャングが人々に学ばせたいのは、人生を豊かにするやり方ではなく、将来稼げる職に就くためによい成績を得る方法なのです。仮にあなたがギャングの1人で、ある商品やサービスを提供するために誰かを雇おうとしているとしましょう。ただし、その商品やサービスは真にいのちに貢献するようなものではありません（一方、ギャングの支配層には大金をもたらします）。であれば、あなたが求めている人材は、「自分たちが提供するこの商品は、本当にいのちに貢献するものだろうか？」と疑問を抱くような人ではないでしょう。ただひたすら命じられた仕事をこなし、給料のために働くような人を望むでしょう。

カッツの言う、学校の第3の目標は――これこそが、教育改革を短命に終わらせている原因なのですが――、カースト制度を維持しつつ、あたかもそれが民主主義であるかのように見せかけることです。

これは個々の人間の問題ではなく、構造の問題です。教師や学校の運営者は、敵ではありません。彼らは、子どもたちの幸福に心から貢献したいと思っています。そこに敵はいません。今のような経済を維持するためにわたしたちがつくりだした、ギャングの構造が原因なのです。では、もっと人々のためになるように学校を変革したいなら、わたしたちは何をすればいいのでしょうか？　単に学校を変えるだけでは、十分ではありません。学校を含む、より大きな構造を変える必要があるのです。

問題は、個人ではなく、構造にある。教師や学校の運営者は敵ではない。

よい知らせとして、この変革は実現可能です。わたしたちはいくつかの国々で、学校で抜本的な変革を起こすための活動をしています。学校、教師、生徒が、ＮＶＣの原則と調和しながら仕事や勉強ができるように、支援しているのです。うれしいことに、セルビア、イタリア、イスラエル、コスタリカなど、世界各地で大勢の教師たちが、そのような学校の設立に尽力してくれています。もちろん、わたしたちのビジョンは、この抜本的な変革が、次の世代の子どもたちの意識に受け継がれていくことです。

ＮＶＣは、他の年代と同じように幼い子どもたちに教えることができますが、その例をお伝えしましょう。基本的な考え方としては、子どもたちでも対立が生じたときにNVCを使ってミディエーション§（調停・仲裁）ができる、ということです。最近わたしはイスラエルに行き、4歳から6歳までの子どもが通っている幼稚園を訪れました。そこでは、2人の女の子が口喧嘩をしていました。わたしには2人の言葉はわかりませんが、言い争っているのは明らかです。そのうち、女の子たちは1人の男の子に何かを言いました。わたしが通訳を呼んで事情を聞いたところ、女の子たちが男の子にミディエーションを頼んでいるのだと言います。「何だって？」とわたしは言いました。

全員が幼稚園児のその3人は、部屋の隅の「ミディエーション・コーナー」へ走っていきました。ミディエーター役の男の子が、女の子の1人に、何を観察しているのか、相手の発言のなかで彼女の気に入らないことは何か、を尋ねました。「○○ちゃんは今どんな気持ち？」と男の子が聞くと、女の子は自分の気持ちを話します。

さらに、男の子はその女の子に「○○ちゃんのニーズは何なの？」「○○ちゃんのリクエストは？」と聞いていきました。

男の子は本当に、女の子の力になっていました。男の子が尋ねていたのは、NVCの基本的な問いかけです。全員がNVCを学んでいる幼稚園なので、この女の子も返答に詰まることがありません。それを聞き終えた男の子は、2人目の女の子に、1人目の女の子の言ったことを

§ ミディエーション：一般的には裁判などにおける調停・仲裁行為を指すが、NVCにおけるミディエーションとは、対立する当事者同士が、お互いの人間性に目を向け、ニーズや感情に耳を傾け、つながりを回復することができるような支援を指す。

伝え返してくれるようにお願いしました。1人目の女の子が自分の気持ちを理解してもらえると、男の子は、2人目の女の子が自分を表現できるように手助けし、1人目の女の子がそれに耳を傾けることを手助けします。そうやってあっという間に喧嘩を解決し、3人は一緒に走り去りました。オランダから来ていた女性（わたしと一緒に幼稚園を訪問して同じ通訳にお世話になっていた人）が言いました。

「実際にこの目で見なければ、信じられなかったでしょう」

わたしたちは学校でも生徒にミディエーションのやり方を教えていますが、彼らにも実践は可能なのです。いえ、可能などころか、とても上手だと言わなくてはなりません。年齢に関係なく。

「実際にこの目で見なければ、信じられなかったでしょう」

ゲットーのギャングと対話する

今となっては、選択肢は、変わるか変わらないか、ではない。
よいほうへ変わるか、悪いほうへ変わるか、なのだ。
――クリフォード・ヒュー・ダグラス（経済思想家）

セントルイスのスラム街に暮らし、仕事をしていた頃のことです。あるときわたしは、ゲットーの中心地にある黒人教会の牧師たちと話をしていました。すると、ストリートギャングのリーダーが、自分の縄張りの人間に話をしている白人がいると聞きつけて自分も参加しようと思い、わたしたちが話していた牧師の執務室に乗り込んできました。腰を下ろしたリーダーは、わたしがＮＶＣのプロセスを紹介し、人種問題の解決に役立てられますよと提案している様子を、じっと見つめていました。しばらくしてから、彼は口を開きました。

「俺たちは、白人のお偉い先生にわざわざコミュニケーションのしかたを教えていただく必要はないんだ。そんなのとっくに知っているからな。俺たちを助けたいなら、金をよこせ。そしたらその金で銃を手に入れて、あんたらのような間抜けどもを始末できる」

この手の言葉は何度も聞いたことがあったし、その日のわたしはあまり機嫌がよくありませんでした。そのため、日頃自分が教えていることを実践するのではなく、リーダーを言い負かそうとして熱弁をふるい始めてしまったのです。それはうまくいきませんでした。すぐに自分がやっていることに気づいたわたしは、立ち止まり、いのちとつながり直し、ＮＶＣのトレーニングで教えていることを実際に使い始めました。１人の人間である彼が、どんな感情とニーズを抱えているのか、ただ聴こうとしたのです。

わたしは自分のあり方を変えて、こう伝えました。

「つまり、きみは、この街におけるコミュニケーションに対する一定のリスペクトを望んでいるんだね。そして、これまできみたちを助けると言ってきた人たちが、ここの人たちをどれだけ虐げてきたかについて、気づいてほしいんだね」

リーダーを言い負かそうとするのではなく、わたしは彼の感情とニーズをただ理解しようとしました。これが変化を生んだのです。彼はただそこに座り、話し合いの続きを眺めました。

ミーティングが終わると、外は暗くなっていました。わたしは自分の車に向かって歩き出しました。その地域は、白人にとって少し危険な場所です。突然、「ローゼンバーグ！」と呼び止められ、内心「おっと、油断しすぎた」と思いました。その声の主は「俺を乗せてってくれ」と言ったあと、行き先を告げました。

車に乗り込んだ彼は、すぐに先ほどの話し合いのやりとりを持ち出してきました。わたしが相手を言い負かそうとするのをやめて、相手を理解しようと態度を変化させたときのことです。

「あのとき、あんたは俺に何をしていたんだ？」

わたしは答えました。

「あれが、わたしが話していたプロセスだよ」

立ち止まり、いのちとつながり直し、NVCのトレーニングで教えていることを実際に使い始めた。

そのあとの彼の言葉は、わたしたち2人のその後の13年間を大きく変えることになりました。

「そのプロセスとやらの教え方を俺にも教えてくれよ。ズールーの連中に伝えたいんだ（ズールーというのは、彼が束ねているギャングの名称です）。俺たちは銃で白人どもを倒すことはないだろう。そういうプロセスを学ぶことが必要になってくるんだ」

「じゃあ取引しよう。もしきみが木曜日にワシントンまで一緒に来てくれたら、ズールーのメンバーへの教え方を教えよう。わたしは教育関係者に、黒人たちが学校に火をつけている理由を話すために招かれているんだ」

リーダーは笑いました。

「おいおい、俺は学がないんだぜ」

「いいかい。今みたいにこの話を理解できるなら、きみは立派な教育を受けている。学校に通っていないかもしれないが、良い教育を受けているってことだ」

ギャングのリーダーは、わたしとワシントンを訪れて、すばらしい仕事をやってのけました。なぜ生徒たちが学校に放火するのかを、そこに集まった教職員たちが理解する手助けをしたのです。それから13年間、彼とわたしはアメリカ南部のあちこちをまわり、学校内の人種差別を撤廃する取り組みを手伝いました。連邦政府の依頼で対立の激しい地域に足を運んでは、黒人と白人の間の紛争解決に携わったのです。その後、彼はセントルイスの公共住宅政策の責任者になりました。数年前には、同じストリートギャングのメンバーの1人が、セントルイスの市長になる一歩手前まで活躍したのです。

社会制度を変える

行動のないビジョンは夢にすぎず、ビジョンのない行動は暇つぶしにすぎない。行動をともなうビジョンが、世界を変える。
——ジョエル・バーカー（未来学研究者）

学校以外の大きなギャングについては、どうでしょうか？　学校と同じくらい、わたしたちにとって変化が必要なもう1つの大きな領域が、司法制度、すなわち法制度を司っている政府機関のギャングです。アメリカで行われた研究では、同じ罪で有罪判決を受けた2人のうち、1人は投獄され、もう1人は投獄されなかった場合、投獄された者のほうが釈放後に暴力をふるう可能性が高いという結果が出ています。

低所得者や有色人種は、死刑を言い渡される確率がはるかに高いこともわかっています。おぞましいことですが、これは事実であること、また変化が必要なのはシステムであり、ギャングだということもわかっています。ギャングに属している1人ひとりの人間は怪物ではありませんが、ギャングの一員として変化する必要があるのです。わたしは、今や誰もが、この国の司法制度の一部である懲罰的な構造の失敗について気づいていることを願っています。必要なのは、報復的司法から修復的司法へのシフトなのです。

では、わたしたちは、社会を変えるエネルギーとスキルをどこに求めればいいのでしょうか？　これらのギャングによってあまりにも精神的に影響を受けてきたわたしたちは、自分自身と家族を立て直すだけで手いっぱいかもしれません。自分の内側の世界を変え、身近な人たちと人間らしいつながりを築こうと試みたそのあとに、どうすればより大きなギャングたちに挑むエネルギーを残していくことができるのでしょうか？

報復的司法から修復的司法へのシフトが必要である。

エクササイズ

何か自分の気に入らないことがあるとき、それを変える取り組みに乗り出す可能性を高められるような、具体的にできることを1つ考えてください。紙に書き出したらどこかに貼っておき、その行動を思い出せるようにしておきましょう。

9

敵のイメージを変容し、つながりを生み出す

わたしたちの世代における最大の革命は、人間の革命だ。心という内側の態度を変えることによって、自分を取り巻く外側の世界を変えられるのだから。

——マリリン・ファーガソン（社会心理学者）

NVCのトレーニングを行うとき、わたしたちは参加者に次のような状態で家に帰ってほしいと願っています。それは、「NVCによって自分の内側の世界を変えられる」と意識できているだけでなく、「外側にも自分たちが住みたい世界をつくり出せる」と実感できている状態です。NVCでは、「わたしたちには間違いなくその力があり、そのエネルギーがあり、もし今なかったとしても手にすることが可能なのだ」と示すことができます。では、その方法とは？

まず、わたしたちに必要なのは、**「〝敵〟のイメージ（エネミー・イメージ）」**から自分を解放することです。敵のイメージとは、ギャングに所属する人々のどこかがおかしいに違いない、という考え方です。もちろん、簡単にはいかないでしょう。ギャング的な行為を働く人を、自分と同じ人間として見るのは難しいことです。ギャングという集団に対しても、それを構成する個人に対しても。

一例をお話ししましょう。ノースダコタ州ファーゴの学校を訪れたときのことです。仕事そのものはミディエーションが目的ではなかったのですが、学校に紹介してくれた女性から、個人的な頼みごとをされました。

「マーシャル、じつは父の引退のことで家族が揉めているんです。父が農場経営から退こうとしたら、大きな農場の分割方法をめぐって、2人の兄が大喧嘩を始めて、ついに裁判沙汰にまで発展してしまいました。ほんとうにひどいありさまです。もしよければ、わたしがあなたのスケジュールを調整して、2時間半ほどランチの時間を確保するので、ミディエーションに来ていただけませんか？」

「何カ月も続いているんですか？」

「いいえ、何年も、です。マーシャル、ランチタイムで申し訳ないけれど、助けていただける

相手に対して抱いている「〝敵〟のイメージ」から自分を解放する必要がある。

のなら、どんなことでもありがたいです」

というわけで、その日、わたしはその父と2人の息子が待つ部屋へ入っていきました。ちなみに、父親は農場の敷地の真ん中に住み、息子たちはそれぞれ反対側に住んでいます。なんと兄弟はもう8年間も口をきいていません！　そんな2人に、わたしはいつもの問いを投げかけました。

「あなたがたは何を必要としているか、教えてもらえますか？」

弟が突然、声を荒らげました。

「兄貴と父さんは、一度でも俺を公平に扱ったことがあるか？　お互いのことばかりで、俺なんて構ったことがないじゃないか」

すると兄が応酬します。

「ああ、おまえは一度たりとも農場の仕事をやってないじゃないか」

その調子で兄弟の怒鳴り合いは2分ほど続きました。問題の背景をそれ以上、聞く必要はありませんでした。わたしにはその短い時間の中で、双方にどんなニーズがあって、それらが十分に扱われ、理解されていないことを推測できました。

あとの予定が詰まっていたので、さっそくわたしは兄に切り

その短い時間の中で、双方にどんなニーズがあるかを推測することができた。

出しました。

「ちょっと失礼。しばらくわたしが、あなたの役を演じてもいいでしょうか？」

兄はとまどっていたようでしたが、肩をすくめて「どうぞ」と言います。

そこでわたしは、兄がNVCのスキルを身につけているという前提で、兄の役を演じました。わたしは、弟の批判的な表現方法の奥に、どんな満たされないニーズがあるかを聴くことができました。そして、わたしは兄のニーズについては十分聴いていたので、別の形で彼のニーズを表現することができました。このようにして、兄と弟が互いのニーズを理解するのを手伝い、大きな前進が見られました。しかし、その間に2時間半が過ぎてしまったので、わたしは学校のワークショップに戻らなければなりませんでした。

翌朝、兄弟の父親――先述のとおり、息子たちの話し合いに同席していた父親――が、教師たちにワークショップを行っているわたしのところへやってきました。彼は廊下で待っていました。わたしが行くと、目に涙を浮かべています。

「昨日、家でしてただいたことに、心から感謝します。あのあと、8年ぶりにみんなで夕食に出かけて、食事をしながら和解できたんです」

ご覧いただいたように、互いが相手に対して抱いている敵のイメージを乗り越え、相手のニーズを認識できれば、その先の段階、つまり、互いのニーズを満たす方法を探すという段階は、何もできていない状態と比べると、驚くほど簡単になります。敵のイメージを乗り越えることが、大変なのです。これは、「相手の犠牲のもとに自分だけ恩恵を得ることはできない」と、双方に理解してもらうことです。一度、その点を明確にできれば、人間らしいつながりが生まれ、たとえ骨肉の争いのような複雑な事柄であっても、解決不能ではなくなるのです。

これと同じことが、ギャングにも当てはまります。わたしはさまざまな対立のミディエーションを依頼されてきましたが、いちばん多いのは、誰もが——自分のニーズとリクエストを明確に表現する方法は知らずに——相手の病状診断においてきわめて雄弁である、という事実です。つまり、相手の行動は相手自身のここがまちがっているからだ、と指摘することに長けているのです。対立しているのが、2人の人間であれ、2つの集団であれ、2つの国であれ、人は相手に敵のイメージを抱き、まずは相手のどこが間違っているかを指摘することから始めます。そんなやり方では、離婚訴訟や爆弾の落とし合いはもう目前です。

敵のイメージを乗り越えることが、大変なのだ。

敵対する部族のミディエーション

変わる必要はない。生き残ることは強制ではないのだから。
——W・エドワーズ・デミング（統計学者）

以前、ナイジェリア北部で対立する2つの部族のミディエーションを依頼されたことがあります。かたやキリスト教徒の族長たち、かたやイスラム教徒の族長たちです。市場でそれぞれの部族の商品を置く場所の数をめぐって、ひどい暴力が繰り返され、わたしが訪れた年には、400人の地域住民のうち100人が殺されたほどです。

ナイジェリアに住み、これらの暴力を目の当たりにしていたわたしの同僚は、たいへんな苦労の末にそれぞれの族長たちと会い、和解を探るための話し合いに同意してもらえるよう説得を続けました。説得には6カ月を要しましたが、ようやく双方が顔を合わせることになり、わたしが呼ばれたというわけです。

その会場に入っていくわたしに、同僚が耳打ちしました。

「マーシャル、覚悟しておいてください。かなり緊張しているはずだから。参加者のなかの3人は、自分の子どもを殺した人間が来ているのを知っているんです」

なるほど、最初のうちはかなり緊張していました。それまで2つの集団同士であまりにもたくさんの暴力があったなかで、いま初めて同じ席についたのです。テーブルの両側には、それぞれの集団から来た族長たちが12人ずつ座っています。わたしはいつものやり方でミディエーションのセッションを始めました。

「わたしは、誰のニーズであっても、それが表現されて理解されることができたら、全員のニーズを満たす方法が見つけられると自信を持っています。では、どなたから始めたいでしょうか？ ご自分の何のニーズが満たされていないか、教えていただきたいんです」

残念ながら、族長たちはニーズを表現する方法を知りませんでした。彼らが知っているのは、非難や決めつけの表現だけです。キリスト教徒側の族長の1人が、わたしの問いかけには答えず、向かい側のイスラム教徒たちに怒声を浴びせ始めました。

「おまえたちは人殺しだ！」

（前述のとおり、わたしの問いかけは「相手側をどう思いますか？」ではありません）

「あなたがたの何のニーズが満たされていないのですか？」とわたしが問いかけても、すぐさま族長たちの頭に浮かんでくるのは、敵のイメージでした。

すると、間髪をいれずに相手側もやり返します。

「おまえたちは、わたしたちを牛耳ろうとしてきたじゃないか」

残念ながら、人はニーズの表現方法を知らない。

これもまた相手に対する診断です。このような敵のイメージを互いに抱き続けている様子から、人口の30パーセントもが市場の縄張り争いで殺されている理由を、わたしは見て取ることができました。

両者は罵り合い続け、秩序を取り戻すのはたやすいことではありません。しかし、NVCのトレーニングが示すとおり、あらゆる批判、決めつけ、敵のイメージは、満たされないニーズの悲劇的で自滅的な表現方法なのです。したがって、こういうミディエーションの場でわたしは、紛争の当事者たちのなかにある敵のイメージをニーズに翻訳するという形で、NVCのスキルを貸し出します。これは相手が「おまえたちは人殺しだ！」と叫んだ紳士の場合、それほど難しいことではありませんでした。

そこで、わたしは尋ねました。

「族長、あなたは安全に対するニーズが満たされていないと言いたいのではありませんか？あなたは安全を必要としている。問題が何であれ、非暴力的に解決できることを願っている。そういうことですか？」

すると男性は「そう、わたしが言っているのはまさにそれだ」と答えます。

いや、まさにそれ、ではありません。実際には「おまえたちは人殺しだ！」と言ったのですから。しかし、相手に対する敵のイメージよりも、ニーズに耳を傾けるほうが、真実に近づくことができます。わたしは、ＮＶＣのスキルを使って、決めつけの裏側にあるニーズを聴きとることができました。

しかし、これだけでは十分ではありません。その男性のニーズが、もう一方の部族からも聴かれるようにする必要があります。そこで、わたしは、もう一方の部族のメンバーに、相手側の族長のニーズを復唱するようにお願いしました。テーブルの向こうのイスラム側の族長たちを見やって、こう言ったのです。

「そちら側のどなたでも結構ですが、今この族長が言ったニーズを、伝え返していただけますか？」

すると１人が叫びます。

「おまえたちはなぜ、わたしの息子を殺したんだ？」

そこで、わたしはその族長に言いました。

「族長、その問題はまもなく取り上げます。今は、こちらの族長がどんな感情とニーズを持っているか、伝え返していただけませんか？」

当然ながら、その族長にはできませんでした。相手を「こうだ」と決めつけるのに忙しくて、今しがたわたしが手伝って言葉にした相手側の感情とニーズを、彼は聴くことができなかった

相手に対する敵のイメージよりも、ニーズに耳を傾けるほうが、真実に近づくことができる。

のです。

そこでわたしは繰り返しました。

「族長、相手側の族長から聞こえてくるのは怒り、強い怒りです。なぜならこの族長は、全員が安全であるために、どんな対立であっても暴力以外の方法で解決されてほしい、というニーズを持っているからです。話が通じているかを確認したいので、今の言葉を、ただ伝え返していただけませんか？」

でも、その族長にはまだできませんでした。彼が相手の感情とニーズを聴けるまでに、わたしは少なくとも2回、同じメッセージを繰り返さなくてはなりませんでした。そしてついに、彼はみずからの口で言うことができたのです。

次にわたしは、この族長たちのニーズの表現を手伝いました。

「さて、相手方のニーズを聴きとったところで、今度はあなたたちの番です。わたしに、あなたがたのニーズを聴かせてください」

すると、最初に決めつけの言葉をぶつけてきた族長が、また訴えました。

「やつらはずっと前から、わたしたちを牛耳ろうとしてきたんだ。これ以上、許しておくわけにはいかない」

相手が悪いのだという決めつけの言葉の根底にあるニーズを察知して、わたしは、彼の決めつけをニーズに翻訳しました。

「あなたがお怒りなのは、このコミュニティが平等であることへの強いニーズがあるからですか？」

「そうだとも」

それを聞いたわたしは、もう一方の部族のメンバーに言いました。

「今の言葉を繰り返してみていただけますか。コミュニケーションが取れているかを、確かめたいので」

こちら側の部族も、最初は繰り返すことができませんでした。さらに2回ほどわたしが繰り返したところで、ようやく、相手側には平等というニーズがあり、それが満たされていないことへの怒りがあるのだ、と理解したのでした。

こうして両者がそれぞれのニーズを明確にし、相手側に聴いてもらうことに、全部で1時間近くかかりました。その間に、喧々囂々《けんけんごうごう》の言い合いが頻繁に起こったからです。しかし、ようやく双方が相手方のニーズを1つずつ聞きとった時点で、族長の1人が勢いよく立ち上がって、こう宣言したのです。

「マーシャル、我々は1日じゃ学びきれない。だが、双方がこういう話し合いのやり方を知っていれば、殺し合いをせずに済むだろう」

そう、この族長は1時間ほどで理解したのです。敵のイメージに押し込めることなく自分のニーズを表現できれば、平和的に対立を解決できるということを。

わたしはこう伝えました。

「族長、これほど早く理解していただいて、わたしはうれしいです。じつはこの話し合いの終わりに、次に対立が起こったときに備えて、両方の部族の人たちがこのやり方を使えるように、ご希望であれば喜んでトレーニングしたいと提案するつもりでした。今日のところは、わたしはミディエーションのために来ました。トレーニングをするためではありません。たしかにあなたの言うとおり、このやり方は1日で学びきれるものじゃありません」

するとその族長が言いました。

「わたしはぜひ、そのトレーニングに参加したい」

他にも何人かが、ぜひトレーニングに参加したいと申し出てくれました。お互いのニーズと明確につながる方法を知っていれば、武力に訴えずに対立は解決できる、と理解したのです。

敵のイメージに押し込めることなく自分のニーズを表現できれば、わたしたちは平和的に対立を解決できる。

テロリズムに取り組む

平和の革命を不可能にする者たちは、暴力の革命を不可避にするだろう。

――ジョン・F・ケネディ（元アメリカ合衆国大統領）

多くの人が、テロリズムに取り組むためにNVCを活用する方法を教えてほしいと言ってきます。まずわたしたちに必要なのは、「テロリスト」や「正義の味方」というイメージから脱却することです。相手をテロリストと見なし、自分たちを正義の味方と考えている限り、わたしたちは問題の一部になってしまいます。次に必要なのは、わたしたちをひどく恐怖させ傷つけるような行動を相手がとったときに、その人たちの内面で何が息づいていたかに共感することです。つまり、相手側はその行動によって、どのような人間としてのニーズを満たそうとしていたのかを、見る必要があるのです。

相手の人間としてのニーズに共感をもってつながることができるまでは、わたしたちがどのような行動をとっても、その行動は、さらなる暴力を引き起こすエネルギーから生まれる可能性が高いのです。

相手をテロリストと見なすかわりに、共感する必要がある。

では、わたしたちが「テロ」と呼ぶような行為をしてきた人々について、考えてみましょう。わたしが確信を持っているのは、その人々は30年以上にわたって、さまざまな方法で自分たちの苦痛を表現してきた、ということです。かつてその人々は、テロよりもずっと穏やかな方法で苦痛を表現していました。わたしたちが経済的、軍事的ニーズを満たすためにとった行動によって、彼らは、自分たちの最も神聖なニーズがないがしろにされていると感じ、その痛みをわたしたちに伝えようとしていたのです。ところが、わたしたちがその痛みを共感的に受け止めなかったため、彼らは苛立ちを募らせていきました。最終的に、その苛立ちはおぞましい形に発展したわけです。

これが、最初にやるべきことです。つまり、相手をテロリストと見なすかわりに、共感する必要があるのです。これを聞くと多くの人は、「テロを容認せよ。そして何千人もの人が殺されても笑ってやり過ごすべきだ」という意味に受け取るようです。

まったく違います！　共感の次にわたしたちに求められるのは、自分たちがどんな苦痛を抱えているか、相手の行動によってどんなニーズが満たされなかったかを明らかにすることです。そして、相手とその点でつながりが持てたときに、双方のニーズを平和的に満たす方法を見つけることができるのです。一方、相手にテロリストのレッテルを貼って、テロリストであることを罰しようとするなら、結末は見えています。暴力はさらなる暴力を生むでしょう。「テロリストというギャング」への取り組み方をトレーニングする際に、必ず「絶望のワーク」から始めてもらう理由も、そこにあります。絶望のワークというのは、自分の内面に目を向け、ギャングに対して感じている苦痛と向き合うことです。今まで抱いていた敵のイメージの1つひとつを変容させて、自分のどのニーズが満たされていないかを明確にしていくのです。

つぎにトレーニングで皆さんに知ってもらうのは、どのようなレベルの社会の変化を目指しても――たとえ相手が政府や多国籍企業のような巨大ギャングであっても――基本的に勢いと数の問題である、ということです。ギャング内の十分な数の人がものの見方を根本から変えて、「人間としてのニーズを満たすうえで、ギャング的な行動よりもっと効果の高い方法があるのだ」と理解したとき、変化が起こるのです。この場合もやはり、わたしたちは、既存の構造を破壊するのではなく、その構造の内部にいる人々とつながって、より効果が高く代償の少ない形で彼らのニーズを（他者のニーズとともに）満たせるような方法を探します。それによって、変化を起こそうとするわけです。

ある多国籍企業に対して、わたしたちは組織やビジネスのあり方を変えてほしいと思っています。しかし、雇用や取引の商習慣によって環境を破壊し、他国の労働者たちを苦しめているからその企業の人々は邪悪だ、と説き伏せるようなことはしたくありません。わたしたちは、「企業というギャング」の内部にいる人たちとつながり、他者を犠牲にして自分たちのニーズを満たすことはできないことを、彼らにわかってもらいたいのです。彼らが自分たちのニーズを明らかにするための、手伝いをしたいのです。そして、彼ら自身にとっても他者にとっても代償の少ないやり方でニーズを満たせるように、組織を変容させていく方法を見つける役に立ちたいのです。これは、個人にも家庭にも、規模や複雑さの異なるさまざまな集団にも通用します。

さて、この種のコミュニケーションは時間がかかりやすく、困難がともなうかもしれません。1人か2人の人間とつながって、内面的な変容を経験してもらえばそれで十分、とはいかないでしょう。ギャング的な行動を変えさせるには、何百万人もの人々が行動を変える必要があるかもしれません。たとえば、ギャングが政府だとすれば、人口の何パーセントかの人々に、自分たちのニーズを満たすうえで、今のギャングが採用している方法よりも効果の高い方法があるのだと、わかってもらう必要があるでしょう。

相手のギャングが、組織をコントロールしているトップの4~5人という場合もあります。その人たちが、より代償が少なく効果の高いやり方で自分たちのニーズを満たせることに気づけば、わたしたちの求める社会の変化は、かなり短い間に実現するでしょう。いずれにしても、

人々がものの見方を抜本的に変え、「ニーズを満たすうえで、もっと効果の高い方法があるのだ」と理解したとき、変化が起こる。

ギャングを対象にした変革は、たいていは個人が起こせる変革よりもはるかに大きな仕事になります。

平和の実現には、復讐でもなく、単にもう一方の頬を差し出すことでもなく、はるかに難易度が高いものが求められます。なぜなら、互いへの攻撃に駆り立てるきっかけとなっている、恐怖や満たされないニーズに共感する必要があるからです。そうした感情やニーズに気づいた人は、人間の無知がこのような暴力を生み出していることが見えてきて、攻撃に攻撃で応えようという意欲を失います。かわりに、暴力を乗り越えて協力関係を築けるような、共感的なつながりと教育を人々に提供することを目指すようになるのです。

人が自分のニーズとつながったとき、他罰的な怒りは失われていきます。もちろん、自分のニーズについては、満たされているのか、いないのかを評価する必要はあります。ただし、それは頭で分析して、何らかの形で自分のニーズを満たしていない人たちを敵視し、悪者扱いすることではありません。

心につながってニーズを見ようとするのではなく、頭のなかで他者を「こうだ」と決めつけるたび、相手が喜んでわたしたちに与えようとする可能性を下げてしまうのです。

怒り、不満、暴力の裏側にあるニーズにつながることができた

平和の実現には、復讐でもなく、単にもう一方の頬を差し出すことでもなく、はるかに難易度が高いものが求められる。

とき、人は確実に、違う世界へ一歩踏み出します。その世界を、13世紀に生きたイスラム神秘主義の思想家・詩人のルーミーは、こう表現しました。

「まちがった行い、ただしい行いという思考を超えたところに、野原が広がっています。そこで会いましょう」

第III部

社会を変える平和のことば

PART III

SPEAKING PEACE FOR SOCIAL CHANGE

平和とは毎日、毎週、毎月のプロセスにほかならない。人々の意見を徐々に変え、古い障壁をゆっくりと崩し、新たな構造を静かに築き上げてゆく、その努力の積み重ねなのだ。そして、たとえ目覚ましい進歩がなくとも、平和への歩みは続けなければならない。

——ジョン・F・ケネディ

(元アメリカ合衆国大統領)

10

社会を変えるために力を合わせる

意欲ある人が数名集まっても世界を変えられるのか、と疑ってはならない。その少数の人々こそが、実際に変化をもたらしてきたのだから。

――マーガレット・ミード（文化人類学者）

社会の変化を促すときに重要なのは、同じようなビジョンを持つ人たちとつながることです。わたしたちはＮＶＣトレーニングを通じて、ＮＶＣをどのように活用すれば、自分の望む世界像に共感する人々と協働しながら、この世界にもたらしたい構造を見いだせるのかについて紹介しています。また、この変化に向けて協働するチームのつくり方についても伝えています。

変化に取り組むチームの初期に起こりやすいのが、メンバー同士の対立です。わたしたちは、とかく、チームワークに適さないスキルを身につけてしまっています。そんな人と人が、自分の外側にある巨大に見える構造を変えようとしているのです。それだけでも大変だと感じるのに、そのうえグループ内にもめごとがあっては、なおさら難しい仕事になるでしょう。そこで、社会変化をテーマにしたトレーニングでは、NVCをどう活用すれば、社会変化に取り組むチームとしてよりよく機能し、より生産的なミーティングを持てるのかについて伝えているのです。

以前サンフランシスコでマイノリティーの住民たちを支援したとき、彼らは子どもたちが通う学校に対して大きな懸念をいだいていました。学校が子どもたちの精神を破壊していると考えていて、それにまつわる構造を変えようとしていたのです。

ところが、彼らの現状はこうでした。

「マーシャル、わたしたちは、社会を変えようとして、かれこれ半年ほど話し合いを重ねてきました。でも、言い争いや不毛な議論に陥るばかりで、何も生み出せていません。もっと効果的な話し合いができるように、NVCを活用したチームづくりを教えていただけませんか？」

さっそくわたしは話し合いの場に足を運びました。

「いつもどおりにミーティングを進めてください。見学させていただきます。皆さんのチームワークを改善するために、NVCを活用できるかどうか見てみましょう」

最初に話し始めたのは、新聞記事の切り抜きを持参した男性メンバーでした。生徒を虐待し

わたしたちは、NVCをどう活用すれば、社会変化に取り組むチームとしてよりよく機能し、より生産的なミーティングを持てるのかについて伝えている。

た校長が保護者たちに訴えられたというニュースです。その校長は白人で、子どもの1人はマイノリティーでした。男性メンバーが記事を読み上げると、別の男性が応えました。

「そんなの、たいした話じゃないですよ。自分も子供の頃その学校に通っていたんだ。わたしがどんな目に遭ったか話してみようか」

そこから、メンバーそれぞれの体験談が始まり、自分も過去にこんな目に遭ったとか、どれほど人種差別的な社会だったかという話が、10分ほど続きました。

しばらく見守っていたわたしは、やがて口を開きました。

「ちょっと失礼します。皆さんのなかで、これまでのミーティングを生産的と思った人は手を挙げていただけますか？」

誰も手を挙げません。自分の体験談を語った人たちでさえもです。

この住民たちは、社会のシステムに変化をもたらそうとしてミーティングを重ねてきたのに、誰一人として、話し合いが生産的だと思っていないのです。誰もが家族と過ごす時間を使ってまで、ミーティングに参加しています。そこに割く時間とエネルギーを見つけるのは簡単ではありません。ギャング構造に変化をもたらそうとしているのに、非生産的なミーティングでエネルギーを消耗している余裕などはないのです。

そこでわたしは、そもそもの会話のきっかけをつくった男性に尋ねました。

非生産的なミーティングでエネルギーを消耗している余裕はない。

「あなたはこのグループにどんなリクエストがあるか、教えていただけますか？　その新聞記事を読んだとき、グループに何を求めていたのでしょうか？」

するとと男性が答えました。

「それはまぁ、重要だと思ったからですよ。興味深いんじゃないかなと」

「あなたが興味深いと思ったというのは、わかります。でも、いま教えてくれたのは、あなたの考えです。わたしが尋ねているのは、あなたが何をグループに求めていたのか、ということなんです」

「何を求めていたのかは、わかりません」

「それこそが、非生産的な話が10分間も続いた理由だと思います。グループの注目を集めて何かを提示するときに、自分が何を求めているのかが明確でないなら、生産的な集まりにはほとんどならないでしょう。ＮＶＣでは、相手が個人であれ集団であれ、わたしたちが何かを伝える際には、相手に求めている反応を明確にしておくことが重要です。だから、『あなたのリクエストは何ですか？』と聞いているのです。明確なリクエストをせずに自分の苦痛や考えを表現すると、非生産的な話し合いにつながりやすいんです」

これは、ミーティングの生産性を上げるために、ＮＶＣがどう役立つかを説明するときの一例です。

サンフランシスコで、あるギャングの雇用慣習を変えさせようとしていたマイノリティー市民グループを支援したときのことです。そのギャングとは、市の保健医療部門でした。市民グループは、当局の雇用慣習が特定の人々に対して差別をしており、抑圧的であると感じていました。そこで、当局に自分たちのニーズをよりよく満たしてもらうためにNVCを活用したいと考え、わたしにその方法を教えてほしいと依頼してきたのです。

3日間、NVCの仕組みと応用方法を学んだところで、市民グループは、午後から活動に出かけ、翌朝にまた集まることになりました。実践がうまくいったかどうかを確認するためです。翌朝、集まったメンバーたちは意気消沈していました。1人がこう漏らしました。

「みんな、やっぱりね、と思っています。このシステムを変える方法なんてありっこないんですよ」

わたしは「なるほど、皆さん、かなりがっかりしているようですね」と答えました。

「そうです。そうなんです」

「では、何があったか話してください。経験から学びましょう」

何かを言うときは、必ず、自分の求めているものを明確にして終える。

当局の責任者のオフィスを訪れた6人のグループメンバーは、彼らいわく、かなりうまくNVCを実践できたそうです。いきなり、既存のシステムは抑圧的だと言って、診断を突きつけるようなことはしていません。むしろ、実状の明確な観察を伝えたのです。自分たちが差別的だと感じている具体的な法律の名前を挙げ、その理由として、特定の人々の雇用を許容していないということを伝えました。

そのあと彼らは、自分たちの感情を表現しました。働く機会と平等を必要としているので、いかにつらい思いをしているかを訴えたわけです。自分たちには当局の仕事ができると確信しているのに、排除されて苦しんでいるのだ、と。そして、自分たちにも機会を与えるように雇用慣習を改善してほしいと、当局の責任者に明確なリクエストをしました。

彼らがどう伝えたかを聞いて、わたしはうれしくなりました。前日までのトレーニングを見事に実践していたからです。自分たちのニーズとリクエストをはっきり述べる一方で、相手を侮辱するような言葉は使っていません。わたしはこう伝えました。

「わたしは皆さんの伝え方が気に入っています。でも、相手の反応はどうでしたか？」

「ああ、彼はとても感じがよかったですよ。来てくれてありがとう、とさえ言ってくれました。民主主義においては、市民が自分の意見を表明することは重要だし、自分の組織の人間にもそうするように奨励しているくらいだ、とも言ってましたね。ただし、あなたがたのリクエストは現実離れしているので、残念ながら、今すぐに実現可能とはいかない、でも、来てくれてありがとう、って」

「それで、どうしたんですか？」

「帰ってきました」

「ちょっと待って。ちょっと待って。わたしがお伝えしたことのもう半分は？　お役所言葉の奥にある心の声として、その人が何を感じ、どんなニーズを抱えているのかに耳を傾ける方法です。あなたたちの求めに対して、その人は、役人としてではなく、1人の人間として何を感じていたんでしょうか」

市民グループのメンバーの1人が答えました。

「あの人の内面で何が起きていたかなんて、わかってますよ。わたしたちに出て行ってほしかったんです」

「それがほんとうだとしても、内面で何が起きていたんでしょうか？　何を感じていたでしょう？　ニーズは？　役人だって1人の人間なんですよ。その人間は、いったい何を感じて、どんなニーズがあったのでしょうか？」

このグループは、相手が役所という構造に属しているからという理由で、その人の人間らしさに目を向けることを忘れて

お役所言葉の奥の心の声に、耳を傾ける。

いました。そして構造の中にいる相手も、人間の言葉ではなく、構造の言葉で話していました。お役所言葉です。歴史神学者のウォルター・ウィンクが指摘するように、組織や構造や政府には、それぞれ独自の精神性《スピリチュアリティ》があります。そしてそれらの環境下では、それぞれの精神性を支持するような形でコミュニケーションが交わされるのです。

ＮＶＣを活用すれば、どんな構造だろうと、その中に切り込んで、相手を1人の人間として見ることができるようになります。でも、市民グループが実践するにはわたしのトレーニングが足りていないことがわかったので、追加のトレーニングを行いました。つまり、お役所言葉の裏側にあるニーズに耳を傾ける方法、相手を1人の人間として見て、社会の変化に向けて協働する力が高まるようなつながりを、相手との間につくる方法を練習したわけです。

それらができるようになるまでトレーニングを行ったあと、市民グループは彼にもう一度会いに行きました。そして翌朝、うれしそうな顔でわたしのところへやってきました。彼の言葉の背後に目を向けたとき、怯えていることが見えたそうです。実は彼は、市民グループと共通のニーズを持っていて、法律が差別的であることが嫌だったのです。しかし彼には、自分自身を守るという、もう1つのニーズがありました。

彼は、自分の上司は市民グループの提案に激怒することがわかっていました。その上司は、市民グループの目指す改革に猛反発していたからです。彼には自分を守るニーズがあるので、上司にかけあって、社会を変えようとする市民グループの活動に協力したくありませんでした。しかし、この市民グループの人たちが彼のニーズに目を向けたとき、全員のニーズが満たされるような形で、協力するようになったのです。

何が起こったかと言うと、彼は市民グループの助言者となったのです。彼は市民グループに、望むものを得るためにはどんな手順が必要かを伝え、市民グループは彼の自分を守るというニーズを満たすために、助言を受けていることを誰にも明かさないようにしたのです。そして最終的に、双方が求めていた変化を手に入れました。

効果的な社会変化をもたらすためには、その構造の内部にいる人を敵として見なさないようなつながりを、相手とつくることが必要です。つまり、その構造の中にいる人々のニーズを聴きとろうとするのです。そのうえで、相手と自分の双方のニーズが満たされるように、辛抱強く、コミュニケーションをとり続ける必要があります。

全員のニーズが満たされるような形で、協力するようになる。

エクササイズ

あなたがつながりたいと思う一方で敵だと見なしている人を1人、思い浮かべてください。対立をつながりに変えるために、最初に行うことはなんですか?

社会を変えるために、資金を集める

我々が変わればものごとがよくなる、とは言えない。しかし、よくなるためにはものごと自体が変わる必要がある、ということは言えるだろう。

――ゲオルク・クリストフ・リヒテンベルク(科学者)

わたしが関わった社会に変化をもたらすプロジェクトには、第8章で紹介したストリートギャングの事例もあります。このストリートギャング（ズールー）のリーダーは、わたしが教えていることを彼らの文化に合うように調整できれば、きっと変化の役に立つと考えていました。すでに述べたとおり、彼とわたしは、何年も力を合わせて、アメリカ各地の学校で人種差別撤廃に取り組みました。

わたしたちのひとつの目標は、新しい学校をつくる、というものでした。それは、教師が生徒をコントロールしようとするのではなく、教師と生徒が互いをパートナーと捉えて力を合わせ、他校から見放されたり追放されたりしている生徒でも学ぶことができるような学校です。手始めに、他の学校から落ちこぼれた生徒たちにも手を差し伸べられる、ということを示すような実験校をつくろうとしました。これが成功すれば、その経験を足がかりにして、学校制度全体の変化を求めていくことができるだろうと考えました。最初の活動である実験校の教師たちの給料やさまざまなプログラムの費用をカバーするためには、5万ドルの資金を集める必要がありました。

必要なリソース（資源）をどのように獲得するかは、社会変化を目指す活動にとってきわめて重要な課題です。わたしは例のギャングリーダーから、貴重な教訓を学びました。社会を変えようとするときに、限られた時間をできるかぎり有効に使うための方法です。

時間の有効活用がとても重要なのは、社会変化を目指す活動には明らかに多くのコミュニケーションが求められるからです。心をこめてNVCの言葉を話すだけでなく、明瞭簡潔に話し、わずかな時間も最大限に活かす必要があるのです。つまり、「絶好の機会を逃すな」ということです。

これは、わたしが友人のギャングリーダーから学んだよい教訓です。彼はこんなことを言いました。

「あんたがトレーニングをやった財団を訪ねたらどうだ。財団って金を出すところだろ？ 直接会って、このプロジェクトに金をもらえばいい」

「ああ、わたしもそうしたいのはやまやまなんだが、あと数カ月は申請を受け付けてもらえないんだよ。今期は終わってしまったから。それだけじゃない。資金援助を得るには、ちゃんとした提案書が必要なんだ。きみも知ってのとおり、わたしたちには、今、そんな提案書をつくっている暇もリソースもない」

「うん、そうか。そういうやり方もあるけど、とにかくアポとれないかな？」

「ああ、たぶん担当者とアポはとれるだろう」

「じゃあ、とろう。会って、金を手に入れよう」

「で、アポがとれたとして、その先はどうする？」

「いいから、俺にまかせとけって」

そこで、わたしは担当者に電話をかけました。

「ローゼンバーグと申します。先月、そちらの職員の方々とご一緒した者です。じつは理事長とお会いしたいのですが、ご都合はいかがでしょうか？」

電話に出た秘書はこう答えました。

「ローゼンバーグ博士、ご存じかと思いますが、理事長は多忙をきわめておりまして……。こちらでスケジュールを確かめてから、折り返しお電話いたします」

しばらくすると電話がかかってきました。

「会議の合間に何とか時間をつくれそうです。理事長は喜んでお会いしたいと申しております。ただし、20分ほどしか都合がつかないのですが、いかがでしょうか？」

「ありがとうございます。それで結構です」

車でミーティングに向かう途中、わたしは相棒であるギャングリーダーに尋ねました。「この20分の間に、きみはどうするつもりだい？」

彼はまた「いいから、俺にまかせとけって」としか言いません。


明瞭簡潔に話し、わずかな時間も最大限に活かす必要がある。

さて、ミーティングの席につくと、わたしは丁寧に2人を引き合わせました。

「〇〇理事長、こちらはわたしの相棒のアルです。アル、こちらは〇〇理事長だ」

アルは手を差し出して理事長と握手するなり、こう言い放ったのです。

「よう、兄弟。金はどこだい?」

その瞬間、手元にほうきがあったら、わたしはアルの頭を叩いていたでしょう。真面目な仕事の話し合いだというのに、いきなりそんな調子で切り出すことをとても恥ずかしく思いました。通常、わたしが資金援助を依頼する際には、資金提供の意義を相手に納得してもらえるように、提案書やスライドやらを持参して説明するものです。

ところが、わたしの隣にいる男は、それとはまったく正反対のことをはじめました。彼はこう言っているのも同然でした——俺たちは金をもらうためにここに来てる。あんたは金を出すか出さないかを決めるために、何を聞く必要がある?

それに対して、理事長はとても礼儀正しく、笑いながら「何のお金でしょう?」と言います。するとと相棒が答えました。「楽しい学校のための金だ」

「楽しい学校? 何ですか、それ?」

「ローゼンバーグと俺たちギャングで、学校をつくろうとしてるんだ。よその学校から放り出されるようなガキどもだって、まともに扱われれば、ちゃんとやっていけるってことを証明するための学校だ」

「その楽しい学校というのは、どんなものですか？」

わたしの友人が何をやってのけたか、おわかりでしょうか。相手が聞く必要がありそうだ、とこちらが推測する情報をくどくど説明することに貴重な時間を使うのではなく、アルはいかにも彼らしいスタイルでいきなり本題に入ったのです。「こちらの求めに応じるために、あなたは何を聞きたい？」と本質から入ることで、相手に会話の行き先を決めさせました。ミーティングを終えたとき、わたしたちは5万ドルを手にしていました。

30年ほど前のこの体験以来、わたしは何度も、同じアプローチを社会変化の活動に用いてきました。必ずしもアルの文化のスタイルを踏襲しているわけではありませんが、社会を変えるプロジェクトへの支援を求めるときには、最初に、こちらが取り組もうとしている変化を支援したいかどうかを判断するうえで、わたしから何を聞く必要があるかを相手が見いだせるように、状況を整えます。

わたしは、スウェーデンの政府とビジネス界のリーダーたちで構成される重要な委員会でも、このアプローチを使いました。ある社会変化を目指すプロジェクトに支援を求めるために、仲間たちと話をしに行ったときのことです。先方と面会の約束を

「こちらの求めに応じるために、あなたは何を聞く必要がある？」

取りつけるのは一苦労だったのですが、何とか、20分だけ会ってくれることになりました。仲間とわたしが待機していると、秘書がやってきました。

「ローゼンバーグ博士、申し訳ございません。委員会が少々長引いておりまして、20分のお約束が5分になりそうです」

なるほど、5分しかないなら、なおさらアルから学んだ方法がよさそうです。わたしは、ミーティングルームに入っていくと、まず、期待している支援を明確に伝えたうえで、5分で意思決定してもらうために、わたしから何を聞く必要があるかと尋ねました。すると相手側の質問が40分間も続いたのです！　たとえ5分しか与えられなかったとしても、こちらが役に立たない内容をくどくど話し続けるより、向こうが聞く必要があることを相手から質問してもらうことで、より多くのものを得られたでしょう。

これが、社会変化を目指す活動における、ＮＶＣのもう1つの活用方法です。わたしたちはより生産的なミーティングができて、言葉の浪費を避けられるのです。そのかわりに、協力の可否を判断するために何を知る必要があるかを、相手がこちらに伝えられるような流れをつくることができるのです。

言葉の浪費を避け、かわりに相手が知る必要があることが聞けるような会話の流れをつくる。

エクササイズ

今度、あなたが生産的でないミーティングに出席したら、話を進めるために何ができますか？（ヒント……観察、感情、ニーズ、明確なリクエストに焦点を当ててみましょう）

11 対立や衝突を扱う

非暴力の対立では、恨みはいっさい残らず、最後に敵は友人に変わる。それが非暴力の最終試験なのだ。

――マハトマ・ガンジー（政治指導者）

社会を変えようとするとき、当然ながら、大きな衝突が起こることもあるでしょう。相手がこちらの目指すものに反対していて、感情やニーズを明確にしながら自分を表現する方法を知らない場合におけるＮＶＣの活かし方をわたしたちは学ぶ必要があります。（こうした衝突においては）相手がどのようなコミュニケーションをとっているにしても、その奥にある感情とニーズに耳を傾ける方法を知る必要があるのです。

たとえば、イリノイ州で社会の変化を目指したあるプロジェクトで、こんなことがありました。わたしたちは、自分たちが設立した学校でこのプロジェクトを進めていましたが、ゆくゆくは学校単体を越えて教育システムに働きかけ、システム全体がこの学校の原則を活用しながら調和したものになることを目指していました。その学校の設立自体がひと苦労だったのですが、さまざまな抵抗に遭いながらも、ようやく連邦政府の資金援助を得て、開校にこぎつけたばかりでした。

ところが、設立後に行われた最初の教育委員会の選挙で、４人の委員が、わたしたちの学校と現職の教育長の排除を掲げて当選しました。わたしたちの学校は成功を収めていたにもかかわらず、こういうことが起きたのです。すぐれた教育実績で国内の賞を受賞したうえ、学力の向上や器物破損の減少という実績をあげていました。

その学校のプロジェクトを存続させるためには、猛反発している人たちとコミュニケーションをとる必要があります。しかし、教育委員会に３時間の話し合いを求めるのは容易ではなく、約束を取りつけるまでに10カ月もかかりました。わたしが電話をかけようが手紙を送ろうがなしのつぶてだったので、オフィスまで出向いたのですが、会ってはくれませんでした。

わたしたちは仕方なく、その10カ月の間に、教育委員会につてのある人物を探し出し、その人がミーティングの約束を取りつけられるようにＮＶＣのスキルをトレーニングすることにしました。その女性の働きかけで、最終的に、教育委員会は教育長とわたしとの面会に合意しま

相手の発する言葉がどうであろうと、その奥にある感情とニーズに耳を傾ける。

した。ただし、話し合いについてマスコミには知らせない、という条件付きでした。教育委員会にしてみれば、自分たちが排除しようとしている人間と話し合っているところを見られるのは、まずいのです。

では、こういう状況で、NVCはどう役立ったのでしょうか。まず、わたしは自分の内面に取り組む必要があるのがわかっていました。教育委員会に対して敵のイメージを抱いていたからです。相手を人間として見ることが難しかったのです。わたしに対していろいろ言われたことで、たくさんの痛みを抱えていました。

たとえば、教育委員の1人は地元の新聞社のオーナーであり、こんな記事を書いたことがあります。「我らの『愛すべき』教育長（彼は教育長を嫌っていることで有名でしたから、わざわざカギカッコをつけたのです）がまたもやユダヤ人を連れてきたのを知っているだろうか。教師たちを洗脳して、その教師たちに生徒を洗脳させようとしているのだ」。こんな記事は、この委員の発言のほんの一例にすぎません。だからわたしは、自分の内面で多くのことに対処する必要があったのです。

それに、彼が地元の政治団体ジョン・バーチ協会§の会長であることも知っていました。わたしのなかには、そんな団体に属している人間はきっとこうに違いないという、ある種の決めつけ

§ ジョン・バーチ協会：反共産主義と小さな政府を掲げる右派の政治団体。

教育委員会に対して敵のイメージを抱いていたので、自分の内面に取り組む必要があった。

がありました。だからわたしには、「絶望のワーク」が必要でした。社会を変える活動に携わる人にとって、とても重要なワークです。

「絶望のワーク」はジョアンナ・R・メイシーが提唱するコンセプトです。メイシーはわたしが敬愛する社会活動家であり、精神性《スピリチュアリティ》と社会を変える活動は切り離せないものであるとして、「絶望のワーク」の重要性を説いています。つまり、わたしたちの精神性がしっかりとした力強いものであればあるほど、社会を変えるという目標に近づく可能性が高まるのです。

対峙する相手を1人の人間として見る

思いやりは宗教の仕事ではなく、人間の仕事である。贅沢品ではなく、わたしたち自身の平和と精神の安定を支える必需品なのだ。思いやりは人の存続のために絶対に欠かせない。

——ダライ・ラマ（宗教家）

わたしが実践した「絶望のワーク」がどういうものか、お話ししましょう。教育委員会との面談を翌日に控えた晩、わたしはプロジェクトに関わる仲間たちと集まり、こう告げました。「明日、あの男（例の新聞社のオーナー）と顔を合わせたとき、わたしは相手を1人の人間として見ることが難しそうだ。憤りがあまりにも大きいので、自分の内面に取り組む必要がある」するとと仲間たちは、共感をもって、わたしの内面に何が起こっているかに耳を傾けてくれました。自分の苦痛を表現し、理解してもらえる、すばらしい機会をもらえたのです。仲間たちはわたしの大きな怒りを聴きとり、さらには、その怒りの奥にある恐れにも気づいてくれました。それは、当事者全員にとって満足のいく形で相手にわたしたちとつながってもらうことなど無理だろう、と絶望することへの恐れでした。

面談の前の晩に、これだけのワークをするのに3時間かかりました。それほど、わたしの苦しみと絶望は深いものだったのです。ワークの途中でわたしは、こんな提案をしました。「あの男の言動を見たことがある人がいたら、ロールプレイを一緒にやってもらえないかな。彼のいつもの話しぶりの向こうに、相手の人間らしさを見ることができるか、挑戦してみたいんだ」

わたしはそのオーナーと面識がなかったのですが、直接会ったことのある仲間がいて、彼の話しぶりを再現してくれました。わたしは、本人と会ったときに敵と思い込むのを避けるために、相手の人間らしさを見ようと懸命に努力しました。頑張っておいてよかったと思いました。

というのも翌日、話し合いの部屋に入ろうとするときに、当の本人と鉢合わせしたのです。開口一番、彼はこう言いました。

「こんなのは時間の無駄だ。もしきみと教育長が地域社会の役に立ちたいと思っているなら、出ていってくれ」

わたしの最初の反応は、相手の胸ぐらをつかんで「おい、あんたが話し合いに応じると言ったんだぞ」と怒鳴りつけたい、という思いでした。そこでわたしは深呼吸しました。前の晩に絶望のワークをやっていたことが幸いして、自分の感情をうまくコントロールできるようになっていたわたしは、彼のなかの人間らしさとつながろうとしました。

「どうやらあなたは、この話し合いからは何も実りのある結果が出る望みはない、と感じているようですね」

彼の気持ちにわたしが耳を傾けようとしたことに、彼は少し驚いたようでした。

「ああ、そうだ。きみと教育長がやっているプロジェクトは、この地域にとって破壊的なものだ。子どものやりたいようにやらせるなんていう自由放任主義は、ばかげている」

わたしは、自分たちの学校が自由放任主義と見なされたことに苛立ったので、また深呼吸する必要がありました。そこで気づいたのは、わたしたちはこのプロジェクトとは何かについて明確に伝えていなかった、ということです。もし相手がそれを理解していれば、わたしたちの学校にはルールがあり、規則があるということを知ってもらえていたでしょう。それらは懲罰や上からの管理に頼るものではなく、教師と生徒がコミュニティとして協力することでつくられてきたものなのです。

わたしは相手の言葉をさえぎって、弁解したくなりましたが、もう一度深呼吸することで、(前日のワークのおかげで) 相手の人らしさが見えてきました。

「つまり、学校に秩序があることがどれだけ重要かを認識してほしいようですね」

相手はまた怪訝そうな顔をしました。

「そのとおりだ。きみたちはやっかい者でしかない。きみと教育長がやってくる前、この地域にはすばらしい学校がいくつもあったんだ」

またまた、わたしの最初の反応は、かつてこの地域ではあれほどの校内暴力があふれ、あれほど学力水準が低かったじゃないかと言ってやりたい、という思いでした。でもわたしは、もう一度深呼吸して、こう伝えました。

「この地域の学校について、あなたが支えて守りたいことがたくさんあるようですね」

話し合いはとてもうまくいきました。実際の彼の話しぶりは、わたしにたやすく敵のイメージを抱かせるようなものではあり

前の晩に絶望のワークをやっていたことが幸いした。

ました。けれども、わたしが相手の内面で何が息づいているかに耳を傾け続け、敬意をもって彼のニーズにつながる努力を繰り返した結果、彼がより心を開いて、こちらの話を前よりも理解できるようになったのが見てとれたのです。話し合いを終えたとき、わたしは手ごたえを感じていました。

うれしい気持ちでホテルに戻ると、電話が鳴りました。先ほどの男性からです。

「すまないね。今まで、きみのことをあれこれ言ってきたが、どうやら、わたしが誤解していたようだ。いろいろ聞きたいことがある。きみのプロジェクトの経緯とか、どこでこのアイデアを思いついたかとか……」

それからの40分間は、まるで兄弟の会話のようでした。わたしは彼の質問の1つひとつに答え、わが校への情熱をとうとうと語り続けました。

ほどなくして、わたしを空港まで送るために仲間が迎えに来ました。空港への道すがら、わたしはどれだけ気分がいいか話し続けました。

「日頃、わたしたちの言っていることの証明だ。相手を1人の人間として見れば、どんな状況であれ、誰であってもつながれるんだ！」

最高の気分でした。敵のイメージを克服できれば、わたしたちは誰とでもつながれるのです。社会が変わる希望がますます強くなりました。男性から電話があったことも伝えました。

翌日、チームのメンバーの1人が電話をかけてきました。

「マーシャル、悪い知らせがあるんだ」

「何だい？」

「あの男の手口を先に警告しておくべきだったよ。彼は相手に電話をかけては、会話を録音するんだ。その録音内容を一部だけ切り取って、相手を馬鹿にするような記事にする。それが常套手段なんだ。言っておくべきだった」

はてさて、どちらを先に成敗してくれましょう。あの男？　それとも、わたし自身？　あんな人間を信用して、変えられると考えた自分がばかなのか。それとも、あんな人間でいる彼がいけないのか。わたしは落胆しました。事の重大さが身に染みてくると、もうすでに裏切られたかのような気分です。ところが、蓋を開けてみれば、彼はわたしを裏切らなかったのです。次の教育委員会のミーティングで、彼は、委員に当選したときに廃止を唱えていたはずのプログラムに、賛成票を投じてくれたのでした。

この一件は、社会を変える活動に関して貴重な教訓を与えてくれました。話し合いの前日、相手に対する敵のイメージから、自分のなかにある苦しみや社会は変えられないという絶望感と向き合い、相手を1人の人間として見られるようになるまで

わたしは相手の内面で何が息づいているかに耳を傾け続け、敬意をもってその人のニーズとつながる努力を繰り返した。

3時間ものワークを要したこと。そして、話し合いの翌日、たった5秒で噂話を根拠にこれまでの努力を失ってしまったこと。

これは、社会を変えようとする活動において、きわめて重要な要素です。つまり、わたしが社会変化の土台として必要だと考えている精神的なエネルギーと、つねにつながり続けるということが大切なのです。そしてそのつながりは、相手を倒すべき悪者と捉えてその醜さを見るのではなく、わたしたちが目指すことの美しさに目を向けることから生まれるのです。

社会を変えようとする活動に関わるうえで欠かせないのは、その活動の土台となる精神的《スピリチュアル》なエネルギーと、つねにつながり続けていることだ。

ビジネスでの対立を変容する

ケンカってのは、2人の視点が限界まで遠ざかってしまうことなんだよ。

——ダン・ベネット（コメディアン）

わたしは、ビジネスの世界でもミディエーションを依頼されることがよくあります。世界には、社員同士のもめごとに手を焼いている企業がたくさんあるのです。わたしたちは、そういう企業に出かけていって、ＮＶＣを使って対立の扱い方を教えています。あるスイスの企業では、部内で15カ月間も対立が続いていて、毎日のように議論していました。もめごとの種は、ある機能にどのソフトウェアを使うかということですが、決してささいな問題ではありませんでした。既存のものから新規のソフトウェアに切り替えるには、何万ドルもの予算や莫大な時間が必要だったからです。

社員たちは二派に分かれていました。かたや若手組、かたや年配組です。そこで、わたしは尋ねました。

「どなたから始めても結構ですが、今の状況で、あなたがたのどんなニーズが満たされていないのか、わたしに教えていただけないでしょうか。全員のニーズが特定できて、全員が自分のニーズを明確に表現できるようになれば、全員のニーズを満たす手段を見つけられると確信しています。では、どなたから始めますか？」

最初に発言したのは年配組の社員でしたが、その二言目で、ニーズが満たされていない理由がわかりました。ニーズは何かという質問に対して、わたしが聴きとったのはこんな答えです。

「わたしが思うに、新しいものが入ってきたからと言って、それが必ず効果があるとは限らない」

そう言って彼は、回りくどい説明を続けました。新しいものがよいとは限らないという考えの正しさを正当化しようとして、いくつかの例を挙げていきます。やがて、わたしは若手社員たちが天井を見上げているのに気づきました。同じ話をもう15カ月間も聞かされているのです。

さすがスイスだけのことはあります。若手社員が話し始めたのは、先輩が終わるのを待ってからでした（ちなみに、わたしがある意味、中東で仕事をするのが好きな理由はここにあります。あちらでは誰もが同時にしゃべるので、非生産的な話に費やす時間が半分で済むのです！　でもそれはわたしの家族の話し合い方がそうだったからかもしれません。何世紀にもわたって、わたしの家系には遮られずにしゃべり終えるという偉業を達成した人は1人もいないのです）。それはともかく、ここはスイスですから、一方が話を終えるまで、他方は待ちました。次に若手が口を開きます。

「わたしも、先輩が指摘された事実に同意します。つまり、新しいものだからと言ってね……」

「しかしわたしの意見としては……、云々」

わたしはしばらく見守ったあと、おもむろに尋ねました。

「皆さんのなかに、ここまでで生産的な話し合いができていると思う方はいますか？」

1人もいませんでした。彼らの考えの奥には深い感情とニーズがあることが、わたしは明確に見て取れました。そこで、わたしの助けによって、年配組はどれだけ傷ついているかを語ってくれました。自分たちの開発したソフトウェアがどれほど会社に貢献してきたのか、それがきちんと認識されていないことに傷ついていたのです。

わたしはさまざまな職場を支援してきましたが、この事例のように、人は職場で感情について話せないのです。誰も人の感情とニーズを気にかけません。生産性が最優先されるからです。しかし、感情とニーズを表現しないで知的な議論ばかり続けていると、遅かれ早かれこの会社のように、問題の核心にたどりつけず、時間の浪費で終わってしまうでしょう。この会社の年配組の社員たちは、深く傷ついていました。しかし、彼らが作り上げたものが認められることはありませんでした。だからわたしの手助けが必要でしたし、そのことを掘り起こす必要があったのです。これは、一筋縄ではいきません。人はそのような状況において、自分の感情やニーズをさらけ出すことを恐れるものだから。

案の定、このときもお馴染みの答えが返ってきました。「職場では感情なんて表現できない。そんなことをすれば、ボロクソに言われるだろう。軟弱なやつだとか何だとか」

それでも何とか、認められたいというニーズが満たされないために傷ついていることを、年配組に同意してもらうことができました。わたしは若手組に、こう問いかけました。

「そちらのどなたかにお願いします。これが伝わっているかを確認したいので、今の言葉をただ繰り返していただけますか？」

「ええ、ちゃんと理解していますよ。でも……」

「待って、待って。今、彼が言った言葉を伝え返してほしいんです」

「だから、先輩たちが考えているのは……」

「いや、いや、そうではなくて。先輩たちの考えじゃなくて、彼らの感情とニーズはなんでしょう?」


簡単ではありませんでした。若手社員たちに相手側の人間らしさをただ聴いてもらうだけでも、わたしの手助けがかなり必要でした。それが終わると、今度は、彼ら自身の感情とニーズを表現してもらいました。若手社員たちは、自分たちが若いからというだけで、新しいソフトウェアを採用してもらえないのではないかと恐れていたのです。一方で、彼らは新しいソフトウェアが役に立つという自信を持っていました。つまり、若いがゆえに、自分たちの見解に対して敬意が払われていない、と感じていたのです。そこでわたしは、その若手の気持ちを年配社員側に聴いてもらいました。そこまでくると、あとは1時間もかからずに、15カ月間の対立を解決できたのです。

企業文化に変化をもたらす

組織の質は、その組織を構成する人間のマインドの質を、決して超えない。

——ハロルド・R・マカリンドン（実業家）

多くの企業において、社員に感情とニーズのレベルで話し合ってもらうのは簡単ではありません。神学者ウォルター・ウィンクは、あらゆる制度や組織に独自の精神性があることを知るのは重要だと提唱していますが、もちろん企業にいる人々にその認識はありません。組織の精神性が「生産こそすべて」であれば、それが唯一重視されるものになってしまいます。人間としての感情、人間としてのニーズ、人間らしさは重視されないのです。そういう会社は、社員の意欲に加えて、まさに生産という点でも代償を支払うことになります。なぜなら、社員が自分の感情とニーズが理解されていると信じられるようになったときこそ、生産性は上がるからです。

もうひとつ企業で教えているのは、社員が上司の望むように行動しない場合に、批判を交えずにパフォーマンス評価を行う方法です。そういう意味では、教師の方々にも同じことを教えています。そして親である人たちにも、批判せずに評価する方法を教えています。ある会社で、管理職にこの方法を説明したときのことをお話ししましょう。トレーニングの一環として、わたしはまず、明確な観察のやり方、すなわち、相手の行動の何を気に入っていないかを伝えることで相手の関心を引く方法について話をしました。そして、こんな問いを投げかけました。

「たとえば、今日、皆さんが取り上げたいと思っている、社員同士に問題を起こしている行動とは、どのようなものですか？」

1人のマネージャーが答えました。

「部下のなかには、上司に対して失礼な者がいます」

そこでわたしはこう伝えました。

「ちょっと待ってください。それはわたしが『診断』と呼ぶものです。わたしが尋ねているのは、部下の行動なんです。あなたが部下のパフォーマンスを評価する際、相手に『きみは失礼だ』と伝えれば、おそらく防衛的な反応を招くでしょう。あなたが見ているものは、そのままあなたに返ってきます。だから、相手のパフォーマンスを向上させるような形で評価をしたいなら、明確な観察から始めてみてください」

そのマネージャーには、それができませんでした。

そこで別のマネージャーがこう発言しました。

「わたしの部下には怠慢な者がいます」

「残念ながら、それも診断です。どんな行動か、という質問に答えていません」

するとついに1人が言いました。

「うーん……マーシャル、これはほんとうに難しい」

第2章で述べましたが、インドの哲学者クリシュナムルティによれば、評価を交えずに観察する能力は、人間の知性として最高のあり方なのです。

わたしが観察について説明しているとき、マネージャーの1人が飛び上がったかと思うと、文字どおり部屋から駆け出していきました。翌朝、トレーニングに現れた彼は、いきなり退席したことを詫びながら、こう言いました。

「昨日、あのときあなたは、パフォーマンス評価の方法を説明していましたよね。どうすれば明確な観察ができるか、批判と受け取られそうな言葉を使わずに済むかといった話でしたよね？」

「ええ、そうですね」

「昨日、わたしが途中で飛び出していったのは、トレーニングの前にオフィスに立ち寄って、パフォーマンス評価の書類をデータ入力するように秘書に渡してきたからなんです。そのあと、あなたの話を20分ほど聞いているうちに、ああそうか、だから自分は、毎年、評価を悪夢のように感じるのかと気づきました。評価の直前の時期は寝られなくなるんです。わたしの評価で多くの部下が傷つき、腹を立てるのは目に見えています。事態を悪化させてしまうだろうと。でも、あなたの話を聞いてすぐに、自分は観察と評価を取り違えていたんだ、って気づいたんです。それで、慌てて書類を回収しに行ったというわけです。秘書が入力する前にね」

彼の話は続きました。「昨夜は午前2時まで考えていました。どうすれば、診断や批判を交えずに、部下の行動のなかでわたしの気に入らないことを明確に伝えられるだろうって」

当事者たちが顔を合わせようとしない場合

リーダーにはどちら側につくか選ぶよりも難しい仕事がある。
両側を結びつけなければならないからだ。
——ジェシー・ジャクソン（公民権運動家）

社会を変えようとする活動における最大の課題とは、突き詰めれば、当事者たちを——家庭でも企業でも政府においてでも――1つの場に集めることです。真面目な話、実際にそれがいちばんの難題なのです。

スイスのあるリゾートホテルを支援しに行ったときのことです。キッチンのマネージャーたちが、別の部署のあるマネージャーと対立していました。ホテルのオーナーは、2つの派閥をミディエーションする場を設けることを望んでいましたが、どちら側も顔を合わせることを断固拒否しています。そこでわたしは、片方のマネージャーの1人と会って、NVLを使って相手側の人のロールプレイをしました。目の前のマネージャーに、わたしは共感をもって耳を傾け、その人のニーズへの理解を、批判や決めつけを交えずに伝えたのです。

わたしはこのやりとりをテープに録音していました。そして、本人の許可を得たうえで、テープを相手側のところへ持参して再生しました。そのあと、同じ手順をもう一方の側とも行いました。わざわざこんなことをしたのは、両者が1つの部屋に集まってくれそうかどうか、見きわめたかったからです。ところが、こんなふうにわたしが行ったり来たりしただけで、なんと、対立は解消されてしまったのです。わたしが「一堂に会してもらう」ために創造的に工夫しなかったら、このようなことは何ひとつ起きなかったでしょう。

12
感謝

感謝は豊かな人生の扉を開く。
わたしたちの持ち物を、満足以上をもたらすものに変える。
否定を受容に、混沌を秩序に、困惑を明確さに変える。
食事をご馳走に、家屋を家庭に、見知らぬ人を友人に変える。
昨日に意味を与え、今日に安らぎをもたらす。
そして、明日へのビジョンをつくり出す。

——メロディ・ビーティ（作家）

感謝は、社会の変化に欠かせないもう1つの要素ですが、NVCの精神性《スピリチュアリティ》を支えるうえでも重要です。NVCのやり方で感謝を表明したり、感謝を受け入れたりできるようになると、膨大なエネルギーを得られるようになります。そのエネルギーは、社会を変える活動を続けるのに役立ち、さらには、悪の勢力を倒そうという意識ではなく、つくりたい未来の美しさに寄り添い続けることを可能にするのです。

わたしが初めて感謝の大切さを思い知ったのは、アイオワ州で精力的に活動するフェミニスト・グループを支援したときです。そのグループの実績を高く評価していたわたしは、社会を変える活動へのNVCの活用法を教えてほしいと依頼されて、たいへん光栄に感じていました。ところが、いざ3日間をともに過ごしてみると、気がふれそうになることが1つありました。その人たちは、毎日、少なくとも数回はワークショップを中断して、感謝を口にし、盛大に祝福し合うのです。一方、わたしはというと、問題だらけの世界をどうにかしたいという思いで頭がいっぱいでしたから、いちいち中断して祝福を表現されたりすると、苛立ちを覚えずにいられません。世のなかには人種差別や性差別が蔓延し、変えるべきことが山ほどあるのです。何が必要なのかを考えることに没頭していたわたしには、喜びを称え合っている余裕などありませんでした。

3日目のワークショップを終えて、グループのリーダーと食事をしていると、こんなことを聞かれました。

「わたしたちとの時間は、いかがでしたか?」

わたしはこう答えました。

「あなたたちの活動にはとても感心しているんですよ。だから、呼んでいただいてうれしかった。ただ、1つ戸惑ったことがあります。皆さんは、ワークショップを頻繁に中断して喜び合ったり、感謝したりしていましたよね。どうもわたしはそういうのに慣れていなくて」

「マーシャル、その点を話題にしてくださってうれしいです。お話ししたいと思っていたので。あなたは、社会を変えようとする活動のなかで、こんなことが気になった経験はないでしょうか？　おぞましい問題に没頭しすぎるあまり、そこからのエネルギーを拠り所にしてしまって、人生の美しい面に目を向けるのを忘れてしまっていることです。わたしたちがこの活動において感謝を忘れないようにしているのは、そういうわけなんです。もちろん、取り組むべき問題がたくさんあるのは、わかっています。でも、誰かの行動がわたしたちの活動を支えてくれているなら、それが何であろうと、一度立ち止まって、その行動に感謝する時間を持つようにしているんです」

この話を聞いて振り返ってみると、わたしの意識を形づくっていたのは、問題がどれほど悪化しているか、なすべきことがどれほど多いか、という思いでした。この思いにとらわれることで、自分の中に怖い人間をつくり出していたのです。このリーダーと話をしてから現在に至るまでの約30年間、わたしはNVCのトレーニングに感謝の表現をとり入れようと努力してきました。わたしたちが実感しているのは、感謝を表現することで、人は精神的《スピリチュアル》な価値観と調和した人生を維持できるようになる、ということです。ＮＶＣのやり方で感謝を表明し、感謝を受け取れば受け取るほど、ＮＶＣが尊重している精神性に立ち返ることができるのです。

これまで述べてきたように、わたしたちが大切にしている精神性とは、人生の目的とは思いやりのある与え合いと、思いやりのある貢献からやってくることを、あらゆる瞬間において人々に意識させるものです。命に貢献するために力を発揮することほどすばらしいものがあるでしょうか。それこそ、人が持っている神聖なエネルギーの現れであり、無上の喜びなのです。すなわち、命に貢献するために力を尽くすことが。

なぜ、称賛や褒め言葉が評価として有害なのか

人と人が心の底から人間らしくつながるとき、神は電気となって2人の間を流れる。

――マルティン・ブーバー（宗教学者）

わたしたちが人々に伝えているのは、ＮＶＣの精神性と調和した人生の維持に役立つような

形で、感謝を表現する方法や受け取る方法です。ただしそのためには、今まで教え込まれてきた感謝の表現方法が、その種の精神性とは真っ向から対立するということを自覚している必要があります。NVCでは、褒め言葉や称賛は避けるように提案しています。わたしが思うに、誰かに対して、「あなたはよくやった」と褒めたり、「あなたは優しい人だ／優秀な人だ」と称賛したりすることも、やはり道徳的な判断や決めつけなのです。そのような褒め方であってもやはり、詩人ルーミーの言う「まちがった行い、ただしい行いという思考を超えたところ」とは別の世界をつくり出してしまうのです。称賛や褒めるために評価するような言葉は、「あなたは不親切だ／愚かだ／自己中心的だ」と言うときと同じ型なのです。

肯定形の決めつけは、否定形の決めつけと同じく相手を非人間的に扱うことではないか、というのがわたしたちの提案です。そして、肯定的なフィードバックをご褒美として与えることはひどく破壊的な行為ではないか、とも伝えています。称賛や褒めることで相手を非人間的に扱うのは、やめにしましょう。この話を企業の管理職や学校の先生にすると、たいていはショックを受けます。多くの人は、社員や生徒のパフォーマンスを上げるために日頃からたくさん褒めなさい、という研修を受けてきたからです。たしかに、大半の生徒や社員は褒められると頑張るようになった、という研究結果もあります。ただし、それはほんのつかの間にすぎません。当人たちが頑張るのは、自分は操られている、これは本心ではない、心の底からの感謝ではない、と気づくまでのことです。つまりある種の操作であり、人に何かをさせるひとつの手段なのです。そして人が操られていると感じとってしまうと、生産性は落ちていくのです。

こうした報酬の暴力について知りたい人は、教育理論家アルフィ・コーンの著書『報酬主義をこえて』§を読んでみてください。報酬が懲罰と同じ種類の暴力であり、同じくらい危険であることがわかるでしょう。報酬と懲罰は、どちらも人をコントロールするための手段です。わたしたちはＮＶＣによって力を高めることをめざしていますが、その力は相手とともにあるパワー・ウィズであって、相手を上から押さえるパワー・オーバーではないのです。

ＮＶＣで感謝を表現する

日々の生活が幸せだから感謝するのではない。感謝するから幸せになるのだ。そのことにわたしたちは気づかなければならない。

——アルバート・クラーク（作家）

§『報酬主義をこえて』アルフィ・コーン著、田中英史訳、法政大学出版局、2011年

それでは、ＮＶＣではどのように感謝を表現するのでしょうか？　まず、何よりも重要なのは、その意図です。感謝はいのちを祝福するためであって、それ以外の何物でもありません。相手にご褒美を与えるためではないのです。相手の行動によって、どれほど自分の人生が豊かになったかをわかってほしい。それがこちらの唯一の意図です。自分の人生がどれほど豊かになったかを明確に表現するためには、３つのことを伝える必要があります。称賛や褒めることでは、この３点は明確にはならないのです。

(1)　祝福したい相手の行動は何か、その人のどんな行動が自分の人生を豊かにしてくれたかを明らかにする。

(2)　相手の行動についてどう感じているか、相手の行動によって自分にどんな感情が息づいているかを伝える。

(3)　相手の行動によって、どんなニーズが満たされたかを伝える。

以前支援していた教師たちのグループでは、わたしはこの点を明確に伝えきれませんでした。

NVC式の感謝の表現方法を話しているうちに、時間切れになってしまったのです。ミーティングのあと、教師の1人がわたしのところにやってきて、感謝の気持ちを表しました。目を輝かせながら「マーシャル、あなたはすばらしい」と言います。

わたしは答えました。

「それでは、役に立たないんです」

「えっ？」

「わたしを『こういう人間だ』と評しても役に立たないってことです。これまでにわたしは何度も『あなたは、これこれこういう人間だ』と言われてきました。肯定的な内容だったり、まったく肯定的じゃない内容だったりしますが、どんな人間かを伝えられても、そこから価値ある学びを得た記憶がありません。誰であっても、学ぶことがあるとは思えないのです。人に『あなたはこういう人間だ』と伝えられても、情報としての価値はゼロじゃないでしょうか。でも、あなたの目を見れば、感謝を表現したいってことはわかりますよ」

するとと、女性教師は困惑気味に言いました。

「ええ……」

「わたしは、感謝を受け取りたいんです。でもね、わたしがどんな人間かという言葉からは、受け取れないんです」

「では、何と言えばいいんでしょう？」

「今日のワークショップでわたしが話したことを、覚えていますか？　わたしは3つのことを聞きたいのです。第一に、わたしのどんな行動が、あなたの人生をよりすばらしいものにしたでしょう」

その教師は一瞬考えてから、こう言いました。

「あなたはとても知的な方です」

「いや、それではまだ、わたしがどんな人間かについて診断を下していることになります。わたしが何をしたか、を伝えてはいません。具体的にわたしのどんな行動が、あなたの人生をほんとうに豊かにしたかを伝えてくれたら、わたしはあなたのフィードバックから、もっと得られるものがあるでしょう」

「ああ、そういうことですか。やっとわかりました」

そう言うと、彼女はノートを取り出して、メモした2つの事柄を指差しました。その横には大きな☆印が付いています。

「あなたは、この2つのことを言いました」

わたしはノートを覗き込みました。

「そう、これなら役に立ちます。わたしが何らかの形で、あなたの人生をすばらしいものにしたことがわかります。次に、あなたが今この瞬間にどう感じているかを知れたら、とっても役に立ちます」

「ああ、マーシャル、わたしはほっとしているし、希望を感じています」

「なるほど。では3番目について。わたしから聞いた2つのことによって、あなたのどんなニーズが満たされたのでしょうか？」

「マーシャル、わたしは、18歳の息子とつながりを持てたことがありません。いつも喧嘩ばかりしています。それで、どうしたらあの子とつながれるのか、具体的な方法が必要だったんです。あなたが言った2つのことは、そのニーズを満たしてくれました」

「ありがとうございます。辛抱強く、わたしがどのように貢献できたかを理解するお手伝いをしてくれて。自分が具体的に何をしたかを知ることのほうが、はるかに満足は大きいんですよ」

この話から、「あなたはこういう人間だ」という評価を聞かされるのと、具体的に3つの事柄を伝えられることの違いが見て取れるのではないかと思います。NVCでは、このようなやり方で感謝を表現するのです。

感謝を受け取る

自分を幸せにしてくれる人たちに、感謝しよう。その人は、わたしたちの魂という花を開かせてくれる、魅力的な庭師なのだから。

――マルセル・プルースト（作家）

つぎに、ＮＶＣ流の感謝の受け取り方について説明します。どの国の人であっても、感謝の受け取り方に苦労するようです。自分は謙虚であるべきで、自分がたいした人間であると思うべきではない、という教育を受けてきたからです。そういう訓練を施されてきた人にとって、感謝を受け取るのは非常に難しいことです。

たとえば英語圏の人は、こちらが感謝を伝えると、たいていは怯えているように見えます。「いや、たいしたことじゃありません。本当に何でもないんです。たいしたことないんです」とか何とか言って。フランス人もヒスパニック系の人もスウェーデン人も、同じことを言います。わたしは、世界のあちこちで、こう尋ねてきました。

「感謝を受け取るのに、なぜそんなに苦労するんですか？」

すると、「自分が感謝に値するとは思えないからです」という答えが返ってきます。「値する」とは、とても恐ろしい考えです。何かを得るには稼ぐべきだ、という考えです。だから、自分がそれを得るのに十分稼いだかどうか不安があるうちは、感謝を受け取ることもできないのです。

あるいは、こう言う人もいます。

「謙虚でいることの、何が悪いんですか？」

そこでわたしは答えます。

「あなたの言う謙虚さの意味にもよります。謙虚さには種類があって、ある種の謙虚さは不幸であると思います。なぜなら、わたしたちが持っている力を、美しさを、見えなくするからです」

わたしは、イスラエルの元首相ゴルダ・メイアがある閣僚に語った、見せかけの謙遜についての言葉が好きです。「謙遜する必要はありません。あなたはそれほど偉大ではないのだから」。そして、人が感謝を受け取ることに苦労する最大の理由は、（「内なる平安のための財団」が刊行した）『奇跡講座[§]』に力強く綴られた、「わたしたちを最も恐れさせるのは、闇ではなく光だ」という言葉に表れていると、わたしは考えています。

悲しいかな、わたしたちは生まれてこのかた、道徳的な判断・決めつけにもとづく世界で教

§『奇跡講座（テキスト普及版、上下巻）』
ヘレン・シャックマン著、加藤三代子、
澤井美子訳、中央アート出版社、2017年

育を受け、報復的司法、懲罰と報酬、「値する」という意識を植えつけられてきました。そうした評価の言語を内在化してしまっているから、その枠組みの内部に身を置いたまま、自己の美しい本質とつながり続けることに苦労するのです。

ＮＶＣは、１人ひとりの内面にある力や美しさと向き合う勇気を、教えてくれるのです。

13 おわりに

人類は、復讐、攻撃、報復を断ち切る方法を、人間のあらゆる対立において発展させなければならない。その土台となるのは、愛だ。

——マーティン・ルーサー・キング・ジュニア
（公民権運動家）

この本では、3つのレベルでいのちとつながれば、平和を生み出せること——そして、そのために1人ひとりがどうすればいいか、について見てきました。

(1) 自分の内面において、自分のいのちとどのようにつながり、自分を責めたり罰したりするのをやめて、至らなさや失敗から学べるか。NVCのトレーニングでは、自分自身の内側に平和を生み出す方法を伝えています。内側の世界を平和にできなくても外側の世界と平和的につながることはできる、という楽観的な考えは、わたしは持っていません。

(2) 相手との間に、思いやりのある与え合いが自然に発生するような、人生を豊かにするつながりをどのようにつくれるか。

(3) 企業や司法や政府のような、わたしたちがつくってきた構造をどのように変えていくか。これらの構造は、平和で人生を豊かにするつながりを、人々の間に生む妨げになっているのです。

NVCのトレーニングでは、これら3つのレベルでの実践方法を学びます。すなわち、思いやりのある与え合いを支えて生み出せるように、自分自身の内面で実践し、他者とともに実践し、構造のなかで実践する方法です。

わたしが読者に気づいてほしいのは、国内的にも国際的にも、既存のものとは違う経済システムが必要であるということです。参考文献として、デビット・コーテンの著書『ポスト大企業の世界§』と『グローバル経済という怪物§』、ポール・ホーケンの『自然資本の経済§』、マーガ

§『ポスト大企業の世界――貨幣中心の市場経済から人間中心の社会へ』デビット・コーテン著、松岡由紀子訳、西川潤監訳、シュプリンガー・フェアラーク東京、2000年

§『グローバル経済という怪物――人間不在の世界から市民社会の復権へ』デビット・コーテン著、桜井文訳、西川潤監訳、シュプリンガー・フェアラーク東京、1997年

レット・ウィートリーの著書をお勧めします。これらの本を通じて、今とは違う経済システム、すなわち平和を格段にもたらし、この星を守るようなシステムは可能なのだ、と感じてくれることを願っています。そして、その新しいシステムはすでに手の届くところにあると感じて、このゴールに向けてわたしたちの取り組みに参加してくれることを、切に願っています。

さらに、本書を通じて、修復的司法に対する理解が深まっていることを願っています。現行の司法制度は、壊滅的なものです。暴力を防ぐどころか生み出しているにもかかわらず、大半の人々は、無秩序か既存のシステムかのどちらか一択しかないと思っています。つまり、罰や処刑がなければ無秩序状態に陥ってしまう、と考えているのです。万人の安全性を高めうる修復的司法にもとづいて、司法制度をつくるためのより強力な方法はあるのだということに、気づいてほしいと願っています。

まとめると、わたしはすべての人に、以下の2点への理解を深めてほしいと願っているのです。

- 根本的に新しい経済システム
- 現在この地球に多大な苦しみを与えているものとは異なる、新しい司法制度

§『自然資本の経済――「成長の限界」を突破する新産業革命』ポール・ホーケン著、小幡すぎ子訳、佐和隆光監訳、日本経済新聞社、2001年

わたしは、イエズス会の司祭テイヤール・ド・シャルダンがそうだったように、平和な世界は可能であるだけでなく、必然であると信じています。わたしたちはその方向に進化しているでしょう。もちろんテイヤール・ド・シャルダンは古生物学者だったので、非常に辛抱強かったのです。何万年というスケールでものを考えていたのですから。世界のいたるところで暴力が起きていることを知らなかったわけではありませんが、彼は暴力を、何万年という進化の過程のつまずきと捉えていました。彼もわたしも、人類は平和に向かって進化していると捉えていますが、わたしは彼ほど辛抱強くないので、何千年も待ってはいられません。どうすれば進化のスピードを上げられるかに、興味があるのです。とはいえ、平和な世界は不可避であり、その方向に向かっているとは考えていません。ただし、その世界が実現する前に、人間が地球を破壊しなければの話です。

わたしは、ＣＮＶＣ（Center for Nonviolent Communication）の仲間たちとともに、これからもこの知恵を広げ続けていきます。外側の平和な世界を支え、維持していくための支えとなる、内面の世界を人々がつくり出すことができるように。わたしたちがこの活動を続けていくのは、皆さんに、人間関係に平和をもたらす方法を知ってほしいからです。そして、思いやりに満ちた交流、思いやりに満ちた資源の交換、思いやりに満ちた司法を可能にする構造をつくり出す力は、皆さん１人ひとりに宿っているのです。

訳者あとがき

このあとがきを読んでくださる方へ、最初にお伝えしたいのは、感謝の言葉です。私たちが情熱を傾けて学び、実践している「平和のことば＝ＮＶＣ」に興味を持ち、本書を手に取り、読んでくださって、本当にありがとうございます。

ＮＶＣは「人生をよりすばらしいものにする」ゲーム

日本では今では、数多くの人がそれぞれの情熱を持ってＮＶＣを伝え、豊かな多様性のある学びの環境が生まれています。そして、それぞれの人が思い思いの形でＮＶＣを伝える中で、その源流である、創始者のマーシャルが、どんな想いからＮＶＣを作り、どのような世界を目指していたかを、この本を通じて受け取ってもらえたらと願っています。

私たちが皆さんに受け取ってほしいエッセンスは「人生をすばらしいものにする（making life wonderful）」という言葉に集約されると思っています。著者のマーシャルがよく言っていたのは、「NVCを実践するあらゆる行動が、それを行うことによって自分や相手の人生をどのようにすばらしいものにするかというビジョンに動かされたものであってほしい」ということです。

この本の「はじめに」で示される2つの問いに、そのエッセンスが具現化されています。まず「わたしたちの内面で何が息づいている・生き生きしているか？（What's alive in us?）」という問いに答えることで、今この瞬間のお互いの感情とニーズにつながることができます。

そして、その感情とニーズにつながって初めて、今この瞬間のニーズを満たすためにいったい何ができるのか、「人生をよりすばらしいものにするために、わたしたちに何ができるのか？（What can we do to make life more wonderful?）」ということを具体的に考えられるのです。

ここで大切なのは、自分ひとりのニーズだけではなく、関わっている人全員のニーズを大切にする形で物事を運ぶことです。『人生』は、自分個人の人生だけではなくて、そこに関わる人たちの人生の総体を指しています。

私たちが慣れ親しんできた、「間違った行いをした人は、相応の罰を受けるべきだ」という報復的世界観のことをマーシャルは「どちらが正しい？ゲーム」と呼んでいました。

対立が起こり、お互いがわかりあえないとき、どちらが正しいのかで言い争いが起こってしまいます。

その代わりに彼が提案したのは、「人生をすばらしいものにするゲーム」です。そのゲームは、全員が活かされ、より代償が少なくもっと効果的に物事を進めることができ、より楽しいものです。それがNVCを動かすオペレーティングシステム（OS）なのです。

また、「どちらが正しい？ゲーム」では、正しい人の言うことに従う「べき」だという考えを持ちやすいのですが、マーシャルは「人生たかだか数十年、『するべき』や『しなければいけない』で生きるには、あまりにも短すぎるよ」ともよく言っていました。

では、「するべき」や「しなければならない」とは違うあり方で生きるためには、どうしたらいいのでしょうか？　私たちは、自分の感情とニーズとつながって、そこから行動を起こすこと、つまりその瞬間自分の心に何が起こっていて、どこに行きたがっているかに耳を傾けることで、自分に正直に生きることだと思っています。NVCを使って自分を、そして世界を、新たな目で見ることができるようになってもらいたい、というのが私たちの願いです。

実践を進めるためのヒント

とはいえ、この本を読んだあとに日常生活で使いたいと思っても、何から手をつけたらいいかわからない、誰かと話すときに実践するのが難しい、と感じる方がいるかもしれません。

実は、私たちが最初にＮＶＣに出合ったときも、そう感じました。最初からすべてのことを理解できたわけではないし、今でもうまくできないと思うことがよくあります。

これから、私たちが少しずつ学ぶなかで見えてきた、日々の実践で役に立ったことを、いくつかご紹介したいと思います。

相手と対話する前に、「自分のなかで何が息づいているか」を言葉にすることを練習する

日常生活でＮＶＣを使おうとすると、「相手にとって自然な表現で伝えるのが難しい」と感じることがよくあります。なぜなら、ＮＶＣの文法に沿った形で「感情」「ニーズ」「リクエスト」を伝えようとすると、どうしても日常的な言葉遣いとは異なる、独特な表現になるからです。

また、「相手から思ったような反応が返ってこないとき」も、ＮＶＣは難しいと感じる

かもしれません。せっかく勇気を出して、相手のニーズを尋ねてみたり、自分の中で息づいているものを表現してみたりしても、相手からの反応が、自分が期待していたつながりを作れそうなものではないと、がっかりしてしまうこともあるでしょう。

そんなときにお勧めなのは、まずは相手に何かを伝える前に「自分のなかで何が息づいているかを、NVCの文法を使って言葉にすることを練習する」です。

具体的には、「自分のなかでいま何が息づいているか」を意識するために、自分がいだいている感情やニーズを心の中で言葉にしてみてください。すぐに適切な表現が見つからなかったら、本書の巻末にあるニーズのリストを眺めて、ぴったりくるものを選んでもいいでしょう。

たとえば、誰かから言われた言葉で自分が傷ついた、としましょう。そのときは、「相手の何が悪いんだろう」「自分のどこがいけなかったんだろう」と考える代わりに、「自分の感情とニーズは何だろう」と考えたり、リストから探ってみてください。ひょっとしたら、「悲しい」という感情が自分の中にあって、「思いやりを求めている」というニーズがあるのかもしれません。

このように、心の中で感情やニーズを言葉にすることができたら、次は感情やニーズをすぐに伝えるのではなく「自分の中で味わう」ということをやってみてください。味わうとは、「自分には悲しみがあったんだな」と受け止めたり、「自分にとって、思いやりがどれだけ大切なことなのか」「相手から思いやりを持って接してもらえたら、それは自分にとってどんなにすばらしい体験だろうか」と思いを巡らせることです。そうすることで、その本書でも出てきたような、批判や非難を含まない純粋な「甘い痛み」につながって、その痛みの後ろにある、ニーズが満たされたらそれはどんなに素敵なことか、という思いから行動を起こすことができるのです。

「自分にとって、いま何が大切だろう？」と問いかけてみる

ときには、感情やニーズについて、考える時間や心の余裕がないこともあるでしょう。そういうときには、シンプルに「私にとって（あるいは相手にとって）、いま何が大切だろう？」と自分に問いかけてみることが役に立ちます。

なぜなら、その瞬間に「自分にとって大切にしたいこと」は、ある種のニーズだからです。もし大切にしたいことが、すぐにわからなかったとしても、「自分には、この瞬間に何かとても大切なことがある」と思うだけで、心を落ち着かせるのに役立つかもしれません。

社会独特の文化や振る舞いにも、ニーズがあると考える

本書で勧められている対話の仕方は、日本文化でよしとされるやり方と合わないことも

あるのではないか、と感じる方もいるでしょう。たとえば日本における「恥をかかない（かかせない）」「言わずに察せよ」などの考え方は、NVCが勧める「大切なものについて正直に語る」という価値観と、一見矛盾しているかもしれません。

そんなときでも、「文化的な振る舞いの背景には、どんなニーズがあるのだろう」と共感を持って見ることが役に立ちます。

たとえば、結婚式に呼ばれたら「恥ずかしくないようにちゃんとした服を着なきゃ」というとき、その背景には、「周りに受け入れられたい」あるいは「その場の調和を大切にしたい」というニーズがあるかもしれません。このように背景にあるニーズを意識できるようになったら、従来のコミュニケーションの仕方では満たされなかったニーズは何か、も探ってみてください。ひょっとしたら、「気楽さ」のニーズや、自由に着たいものを着たいという「自己表現」のニーズが犠牲になっているかもしれません。それが見えてくると、両方を大切にする新しい道を見つけることもできるかもしれないのです。

問題解決よりも、自然な分かち合いが起こるようなつながりをつくる

日常生活でＮＶＣを使うとき、私たちが特に心がけているのは、「問題を解決しようとするのではなく、自然な分かち合いが起こるようなつながりをつくる」ことです。

ここでの自然な分かち合いとは、自分から喜んで相手に与えたいという気持ちから行動

することです。わかりあえないとき、私たちは、なんとかして解決策を見出そうとして、言葉を重ねてしまいがちです。ですが、私たちの経験上、解決策からいったん意識の方向を変えて、「自分自身と相手の内面で何が息づいているか」と真につながることができたときに、解決策があふれ出すような状態が自然と立ち現れてくるのです。NVCのさまざまな手法は、解決策が生まれてくることができる、お互いの人間らしさが見える質のつながりをつくる目的でデザインされています。「お互いにとって人生をよりすばらしくするために何ができるのか？」という問いを共に探究していくプロセスを、ぜひ楽しんでほしいと願っています。

仲間を見つけよう

ひとりで実践することはとても難しいことで、孤独を感じるかもしれません。そんなときは、想いを共有できるような仲間を作ることをお勧めします。興味がある人を集めて、NVCの関連書の読書会を開くこともできるでしょう。学びを深めるために、NVCの経験者やトレーナーが開催するワークショップに参加することもお勧めです。仲間からのサポートとつながりがある環境の中で、より実践的、具体的に、NVCの対話のあり方を学ぶことができます。たとえば、以下の情報をチェックしてみてください。

NVCジャパン・ネットワーク　http://nvc-japan.net/

ＮＶＣ大学　https://nvc-u.jp/
ＮＶＣＪａｐａｎコミュニティ　https://www.facebook.com/groups/1027129136495737
ＮＶＣセンター（CNVC）　https://www.cnvc.org/（英語）

共に歩む旅路

本書の出版のための最初の話し合いから3年。私たちはいま、大きな感謝と感慨の中にいます。私たちにとって、この本の出版は、ただ1冊の本の翻訳を超えた、17年間の、多くの人たちの努力が織りなす壮大な物語のような、チームワークの成果なのです。

私たちとＮＶＣの最初の出合いは、２００４年、ＮＶＣセンター（ＣＮＶＣ）認定トレーナーのリタ・ハーツォグさんが来日したときでした。安納が彼女の通訳を担当し、「その人の中に何が息づいているか」を何よりも大切にする彼女の佇まいに大きな感銘を受け、ＮＶＣのことをもっと学びたいと思うようになりました。しかし、当時の日本では、学べる場所も日本語の資料もありません。私たちは仲間を募り、海外へ学びに行ったり、また日本に講師を招聘してワークショップを開催したりしながら、手弁当で日本にＮＶＣの知恵を共有していきました。

そのなかで気づいたのは、共に学ぶ場自体の価値です。ＮＶＣを学び、実践する人が集う場には、ありのままをあたたかく受け入れてもらえる安心感と、共に未来を創っていける希望がある。世界が、今までと違う、可能性に満ちた場所に見えてくる。それが私たちに力を与え、周りに伝えたいという熱意を生み出したのだと思います。

草の根の活動は少しずつ実を結び、今や日本各地で自発的な勉強会やトレーニングが開かれています。２０１２年には、日本で初めてのＮＶＣの本となるマーシャル・ローゼンバーグの『ＮＶＣ——人と人との関係にいのちを吹き込む法』（日本経済新聞出版、２０１８年に新版が出版）を翻訳出版しました。２０１４年と２０１７年には、世界各地から実践者が集う１００人規模、10日間の国際集中トレーニング（ＩＩＴ）が日本で開催されました。２０２１年９月現在、今井、鈴木、安納を含む６人の日本人認定トレーナーがおり、今後もさらに増えていくでしょう。

この17年を思い返すとき、私たちにとって感慨深いのは、その広がりのあり方です。ＮＶＣは、誰かひとりの強力な人や、大きな組織が広めたのではありません。最初のひとりが受け取って感激し、自ら場を作って伝える。そこで次の人が受け取り、自らまた次の誰かに伝えてゆく。そうして、いのちの灯がひとからひとへ灯るように、たくさんのひとの喜びからの努力で、大きな動きが起こっていったのです。この本の出版の機会は、その積み重ねの上に生まれました。

本書は、マーシャルの前著『NVC——人と人との関係にいのちを吹き込む法』とともに、多くの日本人が翻訳出版を切望していた本です。原題の「Speak Peace in a World of Conflict」を短くして、私たちは「Speak Peace」と呼んでいました。2018年春、鈴木と安納は友人の信岡亮介さんから、海士町のまちづくりに取り組む「風と土と」という会社が新たに出版社を立ち上げることを聞き、思い切って「Speak Peace」を出版の候補に入れてもらえないか、尋ねてみたのです。そして、鈴木と安納が信頼する仲間であり、かねてからこの本の出版を望んでいた今井をこのプロジェクトに迎えました。

島根県の離島、海士町から、日本、そして世界へ、今の世界に本質的に必要な知恵の風を送る出版社、それが新しく生まれた「海士の風」でした。私たち3人が、風と土と、そして出版をサポートする英治出版のみなさんに初めてお会いして、その志に心を打たれた日のことを、いまも鮮やかに覚えています。

「それぞれの土地の、それぞれの人が、自ら立ち上がって、望む未来を創るために行動を起こす」

このビジョンはまさに「Speak Peace」が伝える、NVCの根幹となるメッセージにぴったりだと思いましたし、海士の風での出版も決めてくださいました。

この本を出版する過程はそれ自体が、NVCのプロセスの実践でした。訳者3人は、海士の風のプロジェクトメンバーと対話を重ね、人間的なつながりを創りながら、作業を進めました。

文字通り一文一文、一語一語について、ときにはたった一語に何時間も費やして、マーシャルの意図に沿ったものか吟味しました。「マーシャルが生きていてくれたら、尋ねることができるのに！」と何度思ったことでしょう。意見の齟齬が起こったときには、互いにとって大切なものをていねいに聴き、そこから、思いもかけなかった、新しいエネルギーあふれるやり方を見つけ出しました。

海士町にも何度も足を運び、顔を合わせて話し、勉強会をして、美味しいものを食べて過ごした時間も忘れられません。

出版というプロセスを通じて、深い信頼とつながりで結ばれた仲間を得たこと。それが、NVCの精神を生きることで得られた、大きな収穫であり、感謝しています。

3年にわたる本づくりを支えてくれた方々に、心からの感謝を捧げます。

まず何よりも、初めての出版プロデューサーとして、すべてを一から学びながら、ときに複雑で困難な状況のなか、すべての人を大切にしてくれながら出版まで導いてくださった、萩原亜沙美さん。編集者として、多くの経験に培われた、的確な助言をくださった下田理さん。私たちの長い翻訳プロセスに、忍耐づよく、静かな存在感を持って共にいてくれ、その意図を十二分に表す、美しいデザインを描き出してくださった、香庄謙一さん。

そして風と土とと英治出版のみなさん。この方々の尽力がなければ、本書がこのような形で世に出ることはなかったでしょう。

感謝を伝えたい人は、この紙面には到底載せきれません。ここまでに名前を挙げた方々の他に、日本でNVCを実践し、紹介するために貢献している、認定トレーナーの小笠原春野さん、後藤ゆうこさん、後藤剛さん、そして本当はすべての方の名前を載せたい、日本のプラクティショナーのひとりひとりに。この本の出版の機会をつくり、志半ばで亡くなった、親友の勝本敬造さん。海外から日本のNVCコミュニティをサポートし続けてくれた、ミキ・カシュタンさん、ジム・マンスキーさん、ジョリ・マンスキーさん、ロキシー・マニングさん、キャサリン・シンガーさん、ほか多くの認定トレーナーの方々。そして何より、すべてを生み出した、著者のマーシャル・ローゼンバーグさん。そして最後に、私たちらしいやり方で、情熱を傾けて翻訳を成し遂げた、私たち自身に、万感を込めて、感謝を送ります。

この本は、マーシャル・ローゼンバーグ氏の、命をかけた人生の冒険の物語です。また、「わかりあえない」状況を越えようとするとき、ひとりひとりの内面の深い癒やしから社会の変革に至るまで、さまざまな領域に光を灯す、深い世界観の提示でもあります。そして同時に、きわめて実践的な、対話の方法の紹介でもあるのです。

どうぞ、何度でも、再びこの本を開けてみてください。人間関係に悩んだときや、人生や世界への希望を失って落ち込み、インスピレーションが必要なとき。対話に行き詰まり、それを打開する具体的なやり方を探しているとき。

本書での学びが、どうか、あなたの「人生をすばらしいものにする」助けになりますように。マーシャルが繰り返し語った、この言葉を祈りとして、最後に皆さんに捧げます。

今井麻希子
鈴木重子
安納献

参考文献

Baran, Josh (ed.). *365 Nirvana Here and Now: Living Every Moment in Enlightenment* (ThorsonsElement, Apr. 2005)

Domhoff, G. William. *Who Rules America?: Power and Politics* (McGraw-Hill; 4th edition, Jun. 2001)〔ドムホフ『現代アメリカを支配するもの』陸井三郎訳、毎日新聞社、1971 年。原書では 2001 年発行の第 4 版を参考文献として挙げているが、邦題は旧版の翻訳書のものを使用した〕

Hawken, Paul. *Natural Capitalism: Creating the Next Industrial Revolution* (Back Bay Books; 1st edition, Oct. 2000)〔ポール・ホーケン『自然資本の経済――「成長の限界」を突破する新産業革命』小幡すぎ子訳、佐和隆光監訳、日本経済新聞社、2001 年〕

Katz, Michael B. *Class, Bureaucracy, and Schools: The Illusion of Educational Change in America* (Praeger Publishers, Jan. 1975)〔M・B・カッツ『階級・官僚制と学校――アメリカ教育社会史入門』藤田英典、早川操、伊藤彰浩訳、有信堂高文社、1989 年〕

Kohn, Alfie. *Punished by Rewards: The Trouble with Gold Stars, Incentive Plans, A's, Praise, and Other Bribes* (Mariner Books, Sep. 1999)〔アルフィ・コーン『報酬主義をこえて』田中英史訳、法政大学出版局、2011 年〕

Korten, David. *The Post-Corporate World: Life After Capitalism* (Berrett-Koehler Publishers; 1st edition, Sep. 2000)〔デビット・コーテン『ポスト大企業の世界――貨幣中心の市場経済から人間中心の社会へ』松岡由紀子訳、西川潤監訳、シュプリンガー・フェアラーク東京、2000 年〕

Korten, David. *When Corporations Rule the World* (Berrett-Koehler Publishers; 2nd edition, May 2001)〔デビット・コーテン『グローバル経済という怪物――人間不在の世界から市民社会の復権へ』桜井文訳、西川潤監訳、シュプリンガー・フェアラーク東京、1997 年〕

Macy, Joanna R. *Coming Back to Life: Practices to Reconnect Our Lives, Our World* (New Society Publishers, Oct. 1998)

Szasz, Thomas. *The Myth of Mental Illness: Foundations of a Theory of Personal Conduct* (Perennial Currents, Nov. 1984)〔T・S・サズ『精神医学の神話』、河合洋ほか訳、岩崎学術出版社、1975 年〕

Wink, Walter. *The Powers That Be* (Galilee Trade, Mar. 1999)

Wheatley, Margaret J. *Finding Our Way: Leadership for an Uncertain Time* (Berrett-Koehler Publishers, Feb. 2005)

Wheatley, Margaret J. *Turning to One Another: Simple Conversations to Restore Hope to the Future* (Berrett-Koehler Publishers, Jan. 2002)

索引

私たちが持つ基本的な感情

§ ニーズが満たされているとき

- ありがたい
- うれしい
- エネルギッシュ
- 活性化した
- 感心する
- 感動する
- 希望
- 好奇心をそそられる
- 心地よい
- 自信
- 充足感
- 触発される
- 得意
- ハッスル
- 人を信じられる
- びっくりする
- ほっとする
- ほろりとする
- よろこびに満ちた
- 楽天的

§ ニーズが満たされていないとき

- 行き詰まる
- いらいら
- 打ちのめされる
- 悲しい
- 気が気でない
- 気乗りしない
- 懸念
- 困る
- 困惑
- さびしい
- 失望
- じれったい
- 戸惑う
- ばつが悪い
- 腹を立てる
- 張り合いがなくなる
- 悲観
- ビクビクする
- 無力感
- 欲求不満

私たちが持つ基本的なニーズ

§ 自律性

- 自分の夢や目標、価値観を選ぶ
- 自分の夢や目標、価値観を実現するための計画を選ぶ

§ 祝福すること（嘆き、悼むこと）

- 人生を創造し、夢を実現したことを祝福する
- 愛する人、夢などを喪失したことを嘆き、悼む

§ 価値観に沿った言動をする

- 誠実さ
- 創造性
- 意味
- 自尊心

§ 精神的《スピリチュアル》な交流

- 美
- 調和
- 秩序
- インスピレーション
- 平和

§ 相互依存

- 受容
- 承認
- 親密さ
- コミュニティ
- 配慮
- 人生を豊かにするための貢献（自分や他人の人生に貢献すべく力を注ぐ）
- 心の安心・安全
- 共感
- 正直さ（自らの限界から学ぶ力を与えてくれる正直さ）
- 愛
- 励まし
- 尊敬
- 支援
- 信頼
- 理解
- 温かさ

§ 遊び

- 楽しさ
- 笑い

§ 身体的な養い

- 空気
- 食べ物
- 休息
- 運動・エクササイズ
- 性的な表現
- ウィルス、バクテリア、害虫、捕食動物など、命を脅かすものから身を守る
- 住まい
- ふれあい
- 水

NVCプロセスの活用方法

非難や批判を交えずに、
「自分がどうであるか」を
明確に表現する。

非難や批判を聞くことなく、
「相手がどうであるか」を
共感的に受け取る

観察

❶ 私が観察したこと（評価を交えずに、見たこと、聞いたこと、覚えていること、想像したこと）など、私の幸福に貢献している、あるいは貢献していないことを伝える。

『私が　　　を見た／聞いたとき』

① 相手が観察したこと（評価を交えずに、見たこと、聞いたこと、覚えていること、想像したこと）など、相手の幸福に貢献している、あるいは貢献していないことを受け取る。

『あなたが　　　を見た／聞いたとき』
（共感する際には言葉にしないこともあります）

感情

❷ 私が観察したものに関連して、私がどのように感じるか（思考ではなく、感情や感覚）を伝える。

『私は　　　と感じています』

② 相手が観察したものに関連して、相手がどのように感じているか（思考ではなく感情や感覚）を伝える。

『あなたは　　　と感じています』

ニーズ

❸ 私の感情を引き起こす、私が必要としているもの（大切なもの）や価値（好みや特定の行動ではなく）を伝える。

『……なぜなら、私は　　　を必要としているから／大切だからです』

③ 相手の感情を引き起こす、相手が必要としているもの(大切なもの)や価値(好みや特定の行動ではなく)を受け取る。

『……なぜなら、あなたは　　　を必要としているから／大切だからです』

自分の人生を豊かにするものを、
強要せずに、
明確にリクエスト（要求）する

相手の人生を豊かにするものを、
強要を聞かずに
共感的に受け取る

リクエスト

❹ 私が相手にしてほしい具体的な行動を伝える。

『　　　をしていただけますか？』

④ 相手が私にしてほしい具体的な行動を受け取る。

『　　　をしてほしいのですか？』
（共感するときは言葉にしないこともあります）

NVC センター（CNVC）について

マーシャル・B・ローゼンバーグ博士によって 1984 年に設立された NVC センター（CNVC）は、「すべての人のニーズが平和的に満たされる世界」をビジョンとする国際的な非営利の平和創造団体です。CNVC は、非暴力コミュニケーション（NVC）の世界的な普及を支援するために尽力しています。

NVC は現在、地域社会、学校、刑務所、ミディエーションセンター、教会、企業、専門家会議など、世界中で教えられています。故ローゼンバーグ博士は、毎年 250 日以上を費やして、世界で最も貧困に追いやられ、暴力に苦しむ地域で NVC を教えてきました。今では世界 70 以上の国で、数百名の認定トレーナーとそれを上回る数のサポーターたちが、何十万もの人々に NVC を教えています。

CNVC は、NVC のトレーニングが、思いやりのある平和な社会を作り続けるための重要なステップであると信じています。米国での税金控除の対象となる寄付は、CNVC が世界の最も貧しく暴力的な地域でトレーニングを提供し続けるのに役立てられます。またこの寄付は、必要性の高い地域や人々に NVC トレーニングを提供するための、組織的なプロジェクトの開発と継続にも活用されます。

CNVC は、世界の NVC の継続的な成長をサポートするために、多くの貴重なリソースを提供しています。米国での税控除の対象となる寄付や、利用可能なリソースについての詳細は、CNVC のウェブサイト www.CNVC.org をご覧ください。

詳細については、CNVC にお問い合わせください。

電話 : 505-244-4041（米国内からのみ：800-255-7696）
Fax: 505-247-0414
メール : cnvc@cnvc.org . ウェブサイト：https://www.cnvc.org/

NVCについて

非暴力コミュニケーション（NVC）は、寝室から会議室まで、教室から戦場まで、日々、人々の人生を変えています。NVCは、暴力や痛みの根本を平和的に理解するための、わかりやすく効果的な方法を提供します。私たちの言動の背後にどんな満たされていないニーズがあるのかを再認識することで、NVCは、敵意を減らし、痛みを癒やし、仕事や個人的な関係を強めるのに役立ちます。

NVCは、私たちが表面下に到達し、自分の中の生き生きとした、大切なものを発見することを助け、あらゆる行動が、私たちが満たそうとしている人間のニーズに基づいていることを教えてくれます。NVCでは、感情やニーズを表す語彙を身につけることで、自分の内面で起こっていることを、より明確に表現できるようになります。自分のニーズを理解し、それを認めることで、より満足のいく人間関係を築くための共通の基盤を築くことができます。このシンプルでありながら革命的なプロセスによって、人間関係と人生を改善した世界中の何千人もの人々に加わってください。

著者紹介

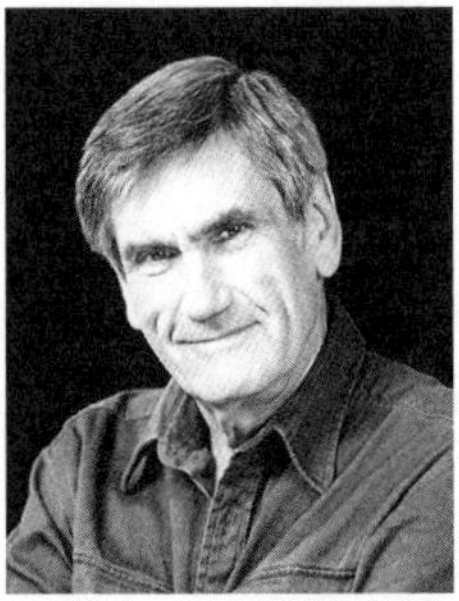

Photo: Beth Banning

マーシャル・B・ローゼンバーグ

Marshall B. Rosenberg

NVC（Nonviolent Communication）の提唱者であり、国際的な平和推進組織 CNVC（Center for Nonviolent Communication）の設立者。年間250日以上をかけて世界中を飛びまわり、数百におよぶ地域コミュニティ、国際会議、戦争で疲弊した地域などでNVCを伝える活動を精力的に続けてきた。

治安の悪かったデトロイト近郊で育つなかで、暴力に代わる平和的な選択肢を提供する「新しいコミュニケーションのかたち」に強い関心を抱くようになった。カール・ロジャーズのもとで研究を行い、1961年ウィスコンシン大学で臨床心理学の博士号を取得。その後の人生経験と比較宗教研究を通じて、本書のテーマであるNVCのプロセスを開発した。連邦政府から受託した学校教育プロジェクトで、NVCのプロセスを用いた「ミディエーションとコミュニケーションのトレーニング」を行うなどの実践を経て、1984年CNVCを設立。現在、世界70以上の国で数百名のCNVC公認トレーナーが活動している。

後年はギターやパペットを手に、世界の紛争地帯を旅したときの体験を語りながら、「より平和で満たされた世界をつくりだすための方法」を精力的に説いた。著書に、『NVC——人と人との関係にいのちを吹き込む法』（日本経済新聞出版）など。Bridge of Peace Award 2006（Global Village Foundation）など受賞多数。

訳者紹介

今井麻希子 Makiko Imai

CNVC認定トレーナー。コーチ、ファシリテーター。国際基督教大学卒業後、民間企業勤務を経て独立。NGO活動の経験から「社会の課題の解決には人と人が心の通いあう関係をつくることが不可欠」と痛感し、NVCを軸としたリーダーシップ育成や組織開発などに活動の軸を移す。監訳書に『全人的医療を支える共感的コミュニケーション・NVC』(NVC大学出版)、編著書に『生物多様性は復興にどんな役割を果たしたか』(昭和堂)など。
ホームページ　https://www.yukikazet.com/

鈴木重子　Shigeko Suzuki

CNVC認定トレーナー。東京大学法学部卒業。いのちの響きを聴く者。歌い手として、世界の平和の歌を紹介する活動をしつつ、安納献と仲間とともに、NVCを日本に紹介する草の根活動を続け、多くの実践者をサポート。日本在住として初めて、CNVCトレーナーの認定を受ける。学びと経験にもとづく深い洞察から、個人の癒やしから家族、カップル、組織の関係性、社会変革までを貫く、NVCの本質的な世界観を、身体で腑に落ちるやり方で分かち合っている。読売新聞コラム、東京、中日新聞『紙つぶて』担当。

安納献　Ken Anno

CNVC認定トレーナー。国際基督教大学卒。アレクサンダー・テクニークの教師養成学校、ボディチャンスのトレーニング・ディレクター。2004年にNVCに出会い、鈴木重子とともにマーシャル・ローゼンバーグを始め、世界各地で多くのトレーナーからNVCを学ぶ。ローゼンバーグ氏のビジョンに心を打たれ、それが世界に具現化することを目指して、仲間と共にNVCの精神性を探求し、日本の実践者のコミュニティを育てることに尽力している。監訳書に『NVC――人と人との関係にいのちを吹き込む法』(日本経済新聞出版社)。

鈴木重子・安納献ホームページ　https://www.lifeenriching.net/

「わかりあえない」を越える

目の前のつながりから、
共に未来をつくるコミュニケーション・NVC

発行日　2021年12月8日　第1版　第1刷
2023年12月8日　第1版　第3刷

著者　マーシャル・B・ローゼンバーグ

訳者　今井麻希子（いまい・まきこ）
鈴木重子（すずき・しげこ）
安納献（あんのう・けん）

発行人　阿部裕志

発行　海士の風（株式会社 風と土と）
〒684-0403 島根県隠岐郡海士町大字海士 1700-2
電話　08514-2-1966 ／ FAX　050-3588-7975
https://amanokaze.jp/

発売　英治出版株式会社
〒150-0022 東京都渋谷区恵比寿南 1-9-12 ピトレスクビル 4F
電話　03-5773-0193 ／ FAX　03-5773-0194
http://www.eijipress.co.jp/

プロデューサー　萩原亜沙美

スタッフ　岡本夕紀　長島威年　三重野優希　吉村史子

アドバイザリーチーム　岩佐文夫　原田英治

編集協力　下田理（英治出版）

翻訳協力　浦谷計子、株式会社トランネット
http://www.trannet.co.jp/

装丁　香庄謙一

校正　小林伸子

印刷・製本　中央精版印刷株式会社

ISBN978-4-909934-01-7　C0034　Printed in Japan

海士の風